Mach du mal - ich hab Zeit.

Jasmin Davids

Über die Autorin

Jasmin Davids studierte Eurythmie und wählte aus persönlichem Interesse bereits für die Abschlussarbeit ihres Diploms als Thema die Erforschung der zwölf Sinne und deren komplexe Zusammenhänge.

Neben ihrer Arbeit in der Landwirtschaft sowie ihrer künstlerischen Tätigkeit gab die Autorin und Dozentin Seminare für Bachblütenberater.

Heute lebt sie mit ihrem Mann im Rheinland. Wann immer das Ehepaar Zeit findet, wird musiziert und philosophiert.

Mach du mal - ich hab Zeit.

Erzählungen einer Tierkommunikatorin

Jasmin Davids

Bibliografische Information der Deutschen Nationalbibliothek: Die Deutsche Nationalbibliothek verzeichnet diese Publikation in der Deutschen Nationalbibliografie; detaillierte bibliografische Daten sind im Internet über dnb.dnb.de abrufbar.

Cover Bildquelle: vvvita / 123rf

Herstellung und Verlag: BoD – Books on Demand, Norderstedt

ISBN: 9 783750 492554

Inhalt

Kapitel 1 - Schwergeburt

„Was, die *kleine* Katze soll *meine* Verantwortung als Kuh für eine ganze Herde übernehmen?!"

Auf einmal hatte ich einen heißen Draht zu der Kuh namens Dohle. Ich fühlte ihre Angst loszulassen. Sie war die Leitkuh. Sie musste auf alle achten. Zu jeder Tages- und Nachtzeit.

Unsere Tierkommunikatorin war bisher ziemlich ratlos gewesen und befragte die Kuh-Gesprächspartnerin, um einen Anhaltspunkt zu finden.

Jetzt hatte sie ein Argument: „Weißt du, Dohle", der Telefonhörer rauschte wegen des Lautsprechers etwas, aber sie war weiterhin gut zu verstehen. „Ich weiß nicht, ob es der Herde hilft, wenn du deinen Körper vernachlässigst. Sie brauchen dich ja bestimmt noch länger."

Konnte sich eine Kuh die Haare raufen? Falls ja - ich sah es deutlich vor mir. Das Bild entstand aus meinem Gefühl – ihrem Gefühl.

„Aber ich kann sie nicht alleine lassen...", sprach die Tierkommunikatorin die Worte aus, die sie im Gespräch mit Dohle wahrnahm. Ich fühlte deutlich, wie Dohle Panik bekam.

Vor meinem inneren Auge tauchten ein paar Namen und die Präsenz von ein, zwei sehr jungen und unsicheren Kühen auf.

„Es wäre ja nur für vier Monate. Bis zum Tag der Geburt deines Kälbchens, oder vielleicht dem Tag danach."

Wir redeten bereits seit zehn Minuten mit der Kuh Namens Dohle. Oder vielmehr – die Tierkommunikatorin am anderen Ende unserer Telefonverbindung unterhielt sich im Plauderton mit ihr. Ganz in Ruhe. Sie hatte irgendwann die Sache mit dem Verantwortungsgefühl herausgefunden. „Könnte denn ein anderer Hofbewohner diese Aufgabe übernehmen?", hatte sie uns gefragt. Mein Vater überlegte eine Weile, bis er sagte: „Eigentlich haben alle Kühe in der Herde ihre festen Aufgaben. Aber die Mohrle, die ist immer da und beobachtet sehr viel."

Die Tierkommunikatorin brauchte nicht lange nach ihr zu Fragen. „Hallo", schnurrte es im Geiste.

„Grüß' dich, Mohrle. Könntest du dir denn so eine Aufgabe vorstellen?", kam die Vermittlerin ohne Umschweife zur Sache.

„Ja, natürlich." Die selbstverständliche Erhabenheit einer edlen Katzendame sprach aus ihr.

Das fand die Kuh überhaupt nicht cool - und machte sich daher erstmal über die schwarze Hofkatze und ihrer beider Größenunterschied lustig.

„Es kommt doch auf die geistige Größe an, meinst du nicht, Dohle?", konterte die Tierkommunikatorin jetzt.

Ich spürte, wie sich etwas an der inneren Haltung der Kuh veränderte. Wenn ich es im Nachhinein beschreiben müsste, so würde ich es als eine kalte Mauer empfinden, die zu bröckeln begann. Diese Mauer hatte verhindert, dass die letzten drei Kälber in ihrem Leib genug Herzenswärme zum Leben bekamen. Sie waren alle drei bereits vor der Geburt im Mutterleib verendet.

Nach der dritten Totgeburt war mein Vater in einem Panikanfall aus dem Stall gestürmt. Später hatte er sich schweren Herzens dazu entschlossen, es ein letztes Mal mit einer Besamung zu versuchen. Er wollte die Milchkuh Dohle nämlich eigentlich nicht zum Schlachten geben - unter der Bedingung, dass er, sobald er das positive Ergebnis ihrer Trächtigkeit (Schwangerschaft) in den Händen hielt, unsere Tierkommunikatorin kontaktieren würde. So konnte es schließlich nicht weitergehen. Und die nächste Geburt würde sie vielleicht nicht überleben. Dabei war Dohle die Leitkuh und eine der leistungsstärksten Milchkühe im Stall. Also konnte es schwerlich etwas rein Physisches sein.

„Hm, vielleicht." Man konnte Dohle regelrecht denken hören.

„Es wäre ja nur für eine kurze Zeit. Und vielleicht arbeitet ihr ja auch in Zukunft gut zusammen", sprach die Vermittlerin der Kuh Mut zu.

Dohle schnaubte: „Sie kennt meine Aufgaben doch gar nicht!"

„Du bist eine erfahrene Seele. Du kannst ihr deinen Aufgabenbereich bestimmt sehr gut erklären." Eine Verhandlung auf Leben und Tod. Keine Seltenheit in diesem Business.

Noch bevor Dohle zustimmte, atmete ich - rein unterbewusst - reflexartig erleichtert auf.

„Okay, sie kann es ja versuchen." Die mit diesem Zugeständnis verbundenen Gedanken der Kuh Dohle standen unausgesprochen im Raum: *Und dann sehen wir ja, ob die kleine Katze kapiert, wie viel ich tragen muss.*

Gute vier Monate nach dem Gespräch mit unserer Tierkommunikatorin und der Kuh war es dann so weit: Dohle hatte eine Schwergeburt – natürlich mitten in der Nacht, wann auch sonst. Hauptsache war, dass das riesige männliche Kalb lebte. Und danach bekam sie noch vier weitere Kälber – und jede Geburt verlief unkomplizierter.

Ich wollte auch Tieren helfen können und wünschte mir von Herzen, Tierkommunikation zu erlernen, um meine schemenhafte und bisher für mich schwer greifbare Intuition bewusst handhaben zu können.

Die Tierkommunikatorin, die wir jedes Jahr ein paar Mal in besonders schwierigen Situationen oder in Bezug auf komplexe Thematiken der ganzen Tierherde konsultierten, beeindruckte mich. Sie kommunizierte mit dem jeweiligen Tier und übersetzte, was sie fühlte, hörte und vor ihrem inneren Auge sah. Diese geistige Ebene konnte ich bis dahin weder begreifen noch einordnen. Ich bewunderte diese Frau, die so selbstverständlich mit den Tieren unseres landwirtschaftlichen Betriebes kommunizierte. Dabei bedachte ich nicht, dass diese professionelle Beraterin eine persönliche

Entwicklung durcherlebt hatte, um in ihrem Berufsfeld tätig zu sein.

Auch wäre ich zu diesem Zeitpunkt nie auf den Gedanken gekommen, dass Tierkommunikation weit über eine sogenannte mentale, telepathische Form des Austausches hinaus geht - und dass alles viel einfacher ist, als es in einer Vielzahl von Kursen für Tierkommunikation, Intuitionsförderung und im Allgemeinen in Seminaren in den Bereichen der persönlichen, mentalen und geistigen Entfaltung gelehrt wird.

Unwissend, wie ich damals war, wünschte ich mir, Fähigkeiten zu erlernen, die man in der Theorie schlichtweg niemals begreifen sowie erfühlen kann. Wenige Wochen später wurde ich per Crash-Kurs mit der Tierkommunikations*praxis* bekannt gemacht.

Kapitel 2 - Feuertaufe

„Menschen führen sich auf wie Alphatiere. Dabei wissen sie gar nicht, was der Job *Alpha zu sein* bedeutet. Die Schwierigkeit für uns Tiere ist, ihnen vorzuleben, dass eine Herdenkuh nicht einfach eine Leitkuh ist oder das Pferd mit den stärksten körperlichen und mentalen Kräften mal eben schnell zum Leithengst oder zur Leitstute wird."

Originaler Wortlaut, Hofkatze Mohrle

Jeden Abend musste die Kuhherde von der Weide in den Stall getrieben werden. Geleitet von den Grundbedürfnissen reagierte die Herde sehr unterschiedlich. Hatte es den ganzen Tag geregnet, dann trampelten sie einen fast um. Da ging nichts ohne einen Holzstock (ein ehemaliger, recht gerade gewachsener Ast) in der Hand zur eigenen Sicherheit und einige scharfe, laute Worte. Die hinteren Reihen drückten nach vorne und die vorderen Kühe wiederum hingen buchstäblich im Zaun.

An solchen Tagen war der Zeitraum fünf Minuten vor dem Eintreiben in den Stall besonders kritisch. Die Kühe schreckten bei einem Stromschlag zurück und da Tiere äußerst intelligent sind, wussten sie genau, wann der Strom im Zaun abgeschaltet war. Nämlich dann, wenn es für die Herde Richtung Stall ging. Sonst hätten wir selbst ja den Zaun nicht öffnen können, ohne einen Stromschlag zu bekommen. Während eine Kuh bei einem Stromschlag nur ein bisschen zurück hüpft und die ganz pelzigen Zeitgenossen sogar lieber den Zaun knacken, weil sie wissen, dass der Stromkreis dann dauerhaft unterbrochen wäre, ist es für Menschen alles andere als ungefährlich, vom Zaun eine Erinnerung mitzubekommen.

Ich half öfter, die Kühe abends von der Weide zu holen. Anfangs flüchtete ich mich immer ziemlich ängstlich hinter den Zaun. So eine Kuh wog immerhin meist 500 Kilo – oder mehr – und konnte auch mal in Galopp verfallen. Besonders an diesen verregneten Tagen, an denen die Gräser fad schmeckten, der kalte Wind an ihrem Fell zerrte und sie stinksauer waren, weil wir ihren zweistündigen Stehstreik inklusive imposantem Muh-Konzert am

Feldrand mit scheinbar stoischer Gleichgültigkeit lediglich zur Kenntnis genommen hatten.

Eines Tages hatte ich, an der Weide angekommen, für einen geordneten Rückzug hinter den Zaun keine Zeit mehr.

Es war ein verregneter Herbsttag und der bitterkalte Wind kroch unter meine Arbeitsjacke in meinen Nacken und zerzauste meine Haare. Als ich den Draht am Feldeingang aufmachen wollte, im Augenwinkel immer die Herde im Blick, wurden die vorderen Tiere von den hinteren Reihen in meine Richtung gedrängt. Eine Kuh direkt vor mir stemmte mit aller Kraft ihre Fesseln in den Boden. Ich konnte einen flüchtigen Moment lang ihren Blick einfangen.

„Lauf!", schien sie mich anzuflehen. Sie ließ sich sogar auf den Boden drängen, anstatt in der Flucht nach vorne mit mir Bekanntschaft machen zu müssen. Vom Schub der Herde hinten, bis zu dem Moment, an dem die Kuh direkt vor mir und neben ihr eine Weitere in die Knie ging und mich zu einem schnellen Seitwärtssprung zwang, dauerte es gerade einmal zwei Sekunden.

Das Adrenalin schoss durch meine Adern und meine Arme in die Höhe. „HO! Zurück, zurück!!!" Ich schrie die Herde an und trieb die Kühe der vorderen Reihen mit meinem langen Holzstock in kreisenden Bewegungen seitlich zurück, ohne sie dabei physisch besonders stark zu berühren.

Ich heftete meinen Blick auf die vorletzte Reihe, wo mit einigen Kühen der Instinkt durchgegangen war. Sie drängten nach vorne und waren sogar auf dem Hinterteil ihrer Vorderdamen aufgeritten.

„Was glaubt ihr eigentlich, wer ihr seid?", brüllte ich in die Runde. Mit ausgebreiteten Armen, in der rechten Hand mit festem Griff den langen Holzstock, stand ich reglos und starrte die Herde in den Boden.

28 gegen mich.

Drei Sekunden, vier Sekunden, fünf... einige Kühe wichen zur Seite aus, andere in der Mitte des gedrängten Kuhknäuels legten zögerlich den Rückwärtsgang ein.

Ich ließ langsam die Arme sinken und wandte mich wieder dem Draht zu. Die Leitkuh schaute mich unwillig an und schnaubte. Mein Blick fixierte sie. Sofort senkte sie den Kopf und stand still.

Als ich den Draht aufgewickelt hatte, um ihn vom Feld weg über den Weg zu ziehen, atmete ich tief durch. Ich hob meinen Blick und starrte die Herde an. Sie verstanden diese Sprache jetzt sehr gut und keine bewegte sich auch nur einen Zentimeter.

Mit bewussten, festen Schritten ging ich rückwärts über den Weg und öffnete so die Schneise für die Herde.

So ruhig und geordnet wie an diesem Tag habe ich sie selten in den Stall gehen sehen.

Als jede Kuh im Stall ihren Platz hatte, stützte ich meine Ellbogen nachdenklich auf einer niedrigen Mauer ab und betrachtete die Herde. Die Leitkuh wollte mich beschützen. Sie hat sich lieber von ihrer eigenen Herde in die Knie zwingen lassen, anstatt mich über den Haufen zu rennen. Ich zog eine Grimasse ob meiner eigenen Fehleinschätzung. Sie wusste vermutlich sogar besser als ich, dass ich im Vergleich zu ihr ein Zwerg war. Die Krone der Schöpfung und so. Und während ich nur auf meinen eigenen Schutz bedacht und darin noch recht wankelmütig war, hatte diese Kuh sich dazu entschieden, alle zu beschützen. Alle, außer sich selbst. Und die Konsequenzen dieser Entscheidung hatte sie ohne mit der Wimper zu zucken auf sich genommen, als sie unter der geballten Kraft der Herdendynamik einknickte.

Was war ich doch für ein Weichei, sinnierte ich weiter. Ich machte mir Sorgen um meinen Teint und agierte erst, als es schon fast zu spät war. Dabei sollte ich doch lieber mit den Tieren zusammenarbeiten als mich durch meine Angst oder meinen Widerstand gegen sie zu stellen. Dass es überhaupt so weit kommen musste!

Kopfschüttelnd über meine eigene Unfähigkeit richtete ich mich auf, streckte den Rücken durch und marschierte in Richtung Melkmaschinen. Während ich die Schläuche der Melkanlage mit schnellen Griffen ordnete und alles vorbereitete, verarbeitete ich die Situation langsam. Es war nicht die erste ernsthafte Gefahr in meinem Leben, aber das erste Mal, dass ich sie allein bezwingen musste. Der Schock setzte nachträglich ein und ich wischte mir verärgert ein paar Tränen mit dem Ärmel ab. Ich hatte es ja geschafft. Es war alles gut gegangen.

Ja, aber was hatte ich denn geschafft? Im Grunde nicht viel, erörterte ich meine vorherige

Handlungsweise. Ich hatte mich herausfordernd hingestellt und gebrüllt. Ich spürte den spannungsgeladenen Augenblicken der Stille nach. Das war eigentlich nicht physisch zu erklären. Den mentalen Machtkampf zwischen der Herde und mir auszutragen war bedeutend anstrengender, als meine körperliche Handlungsweise, stellte ich jetzt erstaunt fest. Aber wie kam ich zu diesem Schluss? Bildete ich mir das alles nur ein? Wie viel Macht hatte eine in Galopp verfallende Kuhherde über mich – oder ich über sie? Wie könnte ich in einer solchen Situation am effektivsten reagieren?

Dieses einschneidende Erlebnis und meine damit verbundenen, auftauchenden Fragen spornten mich an, den nächsten Schritt in Sachen Tierkommunikation zu wagen.

Kapitel 3 - Entdeckung

Ich belegte mein erstes Seminar für angehende Tierkommunikatoren. Grundkurs. Wie ich mit meinen Tiergefährten ins Gespräch kommen sollte. Selbstverständlich verstanden meine Tierfreunde mich immer – und ich sie praktisch nie. Bald im Seminar merkte ich, dass es aber nicht um folgenden Kodex geht: *Was ich jetzt sage und wie ich will, dass die Information bei dem Tier rüberkommt – und was es demnach von mir/der Mitteilung hält.* Man merkt schon, wie anstrengend das klingt. Dabei betreibt jeder einzelne Mensch tagtäglich zigfach Selbstsabotage.

Verschiedene Techniken wurden angeboten. Eine Übung hat mir besonders gut gefallen: eine Art Meditation.

Sie ist denkbar einfach. Man stelle sich vor, das eigene Herz wäre eine Wohnung. Man geht hinein, sieht sich um, entdeckt viele persönliche Dinge, Erlebnisse und Bilder. Schließlich betrachtet man diese spontan auftauchenden Produkte des

Unterbewusstseins und entscheidet sich für eine Erinnerung oder vielleicht auch das Bild eines Tiergefährten, welches man genauer in Augenschein nehmen möchte.

Wie kommt es da hin? Weshalb glaube ich, es zu brauchen? Warum habe ich es überhaupt ausgewählt? Ist es noch aktuell/aktiv und lebendig? Oder verstaubt/verstorben? Wenn ich es nicht mehr zur Verfügung hätte, was würde mir fehlen? Wäre ich unsicher? Einsam?

Die Meditation wird damit beendet, dass eine bewusste Entscheidung, welche sich durch die Antwort auf diese Fragen ergibt, getroffen wird. In vielen Fällen ist das Loslassen einer verjährten Erinnerung oder eine wertvolle Erkenntnis das Ergebnis. Entweder lässt man das Erlebte los und beschließt, dass man die Erinnerung nicht mehr für seine jetzige Lebensphase benötigt, oder man erachtet sie als wichtig, integriert diese bewusst und erlöst sie dadurch aus der Warteschleife namens „Verarbeitung".

Mit der Zeit kann man diese Übung wunderbar wiederholen und beobachten, was sich verändert: die innere Haltung zu sich selbst, zum Umfeld und zu dem bewussten Bild, dem Tier, der Person oder einer anderen Sache.

Ein wertvoller Tipp wurde uns für diese Übung von der Seminarleiterin mitgegeben: Es muss nichts aktiv von uns getan werden, nachdem die Entscheidung getroffen wurde, wie jeder Teilnehmer zu dieser oder jener Erinnerung, Episode o. Ä. stehe. Diese wird sich ganz von allein transformieren und das bewusste Beobachten und Fühlen reicht bereits, um diese Transformation wie bei einem Dominospiel anzustoßen. Nach einer Weile, wenn man in seine Herzens-Wohnung mit all seiner Aufmerksamkeit zurückkehrt, wird sich bereits einiges verwandelt haben.

Ich staunte nicht schlecht, wie viele Bilder aus meinem Leben mich wieder einholten. Langsam bekam ich eine leise Ahnung davon, wie viel „Arbeitsspeicher" diese Erinnerungen in der Warteschleife brauchten. Sie zogen unfassbar viel meiner täglichen Lebensenergie - Minimum 70%. Wie bei einem (nicht mehr ganz neuen) Computer, der langsam lädt, weil man mehrere Filme gleichzeitig schaut. Der PC ist dann sofort überlastet.

Bei mir hat diese Übung natürlich prompt nicht funktioniert. Zumindest dachte ich das damals. Erst Jahre später konnte ich mir eine ehrliche Antwort auf meine Wahrnehmung geben.

Die Abkürzung lautet: Man stößt manchmal auch auf den Spiegel seiner Selbst. Sitzen die damit verwobenen Glaubenssätze zu tief verankert, hat man keinen Bezug mehr zu seiner Gefühlswelt oder den verworrenen, scheinbar nichtssagenden Gedankengängen des Gehirns. Das System schützt sich mit Gefühllosigkeit vor früherem oder akutem Schmerz aus Begegnungen mit anderen Lebewesen – und wer hat nicht schon eine ganze Menge an Situationen der Sorte „sich-unverstanden-fühlen" erlebt?

Manche Dozenten sprechen an dieser Stelle auch von erstarrten Ängsten oder unterdrückten Emotionen. Was davon wie mit der eigenen Innenwelt in Zusammenhang steht, gilt es bei der Tierkommunikation herauszufinden.

Achsooo, Sie dachten, man plaudert gleich mit Katz und Maus drauf los?

Und was das jetzt mit dem eigenen Kram zu schaffen hat? Ich wollte mit meinem Hund reden lernen, weil er so schwierig ist! Welch'

Zeitverschwendung! Ich hab Wichtigeres zu tun und die Freunde auf Facebook antworten mir im Gegensatz zu meinem Hund wenigstens. Na ja, meistens. Manchmal. Also, wenn ich eine Mail mit „Wichtig!“ schreibe, dann nehmen sie sich Zeit, mich zu verstehen und antworten mir. Meistens. Aber zum einfach nur per-Mail-Plaudern habe ich kaum Zeit ...

Ja, ich weiß, ich war auch immer so extrem ungeduldig. Der heutige Zeitgeist wäre eine passende Ausrede dafür.

Als ich meine ersten Seminare für Bachblütenberater gab und zunehmend mehr Klienten auch in Sachen (Haus-)Tiere um meine Einschätzung und die Empfehlung einer Bachblütenmischung für ihren Tiergefährten baten, hatte ich auf diese Fragen häufig noch keine präzise Antwort. Ich lernte erst mit der Zeit und Erfahrung, dass es allein auf das Fühlen ankommt. *Fühlen* und *Eile* sind nicht sonderlich symbiotisch.

Auch habe ich in Seminaren später regelmäßig so etwas in der Art gehört: „Ja, ich red' ja immer mit meinem Mausezahn, aber ich versteh ihn halt nicht!“

Mohrle stellte mir damals ein, zwei Fragen zu dieser Aussage der Seminarteilnehmerin:

„Wer sagt denn, dass es *ihr* Mausezahn – gleichbedeutend mit: *ihr* Eigentum – ist? Und wie kommen die Menschen bloß drauf, dass wir Tiere sie nicht verstehen, wenn sie sich selbst nicht verstehen können? Woher wollen die Menschen das denn überhaupt wissen, wenn sie ihre eigene intuitive Herzensstimme nicht mehr hören, wie sie zu uns Tiergefährten spricht? Und was sollten wir darauf antworten? Schönes Wetter heute, hm?"

Die eigene (Herzens-)Stimme finden. Darüber habe ich mir lange Gedanken gemacht. Ich sah einmal eine Dokumentation über eine erwachsene, aufgeweckte Frau, die nach einer geglückten OP zum ersten Mal in ihrem Leben etwas hören konnte. *Etwas.* Ein Rauschen. Wie bei einem Radio ohne guten Sendeempfang.

Sie musste nun zwei Dinge bewerkstelligen: Zum einen lernte sie unter großen Anstrengungen und mit einer Vielzahl mühsamer Sprachtherapiestunden erst einmal, einzelne Geräusche, Töne, Laute und Klänge zu unterscheiden. Zum anderen konnte sie erst nicht differenzieren, wann sie welchen Buchstaben wie aussprechen musste und es galt für sie, den gehörten Buchstaben von dem Rauschen zu unterscheiden, zuzuordnen und die Aussprache zu üben. Das Rauschen neu zu justieren, denn es veränderte sich ja stetig.

Ich rede hier über eine greifbare Wissenschaft. Die mentalen Herausforderungen dieser mutigen Frau sind mit Sicherheit bis heute weit über ihre Übungen für Zunge und Gaumen beim Erlernen der Sprache hinausgegangen.

Und ich bildete mir allen Ernstes ein, in zwei bis drei Wochenendkursen eine Sprache (wieder) zu erlernen, die ich selbst zuletzt als (kleines) Kind in ihrer Klarheit und Vollkommenheit gehört und mit der Zeit bedauerlicherweise kaum noch gesprochen hatte? Diese Rechnung ging für mich nicht auf. Das konnte gar nicht klappen!

Nach dem Aufschwung durch diese Erkenntnis kam die Ernüchterung: Das schaffe ich nie! Wie sollte das funktionieren? Und in der Theorie hatte ich doch auch kläglich versagt: Mit der Hälfte der Übungen in dem Grundkurs konnte ich nichts anfangen.

Und so saß ich eines Abends auf dem kleinen Mauervorsprung hinter dem Stall und streichelte Mohrle. Sie schnurrte, streifte hingebungsvoll um meine Beine und konnte gar nicht genug bekommen.

Mohrle war eine stattliche, äußerst elegante schwarze Katze mit einem weißen Latz und wissenden grünen Augen. Ihr Fell glänzte stets – Sommer wie Winter. Aber sie war auch eine Wildkatze. Hob man die Hand zu hektisch, dann sprang sie in einem kraftvollen Satz zurück und manchmal biss sie einen auch leicht in die Hand - zur Warnung. Sie war eine Naturgewalt.

Ich klagte Mohrle mein Leid: „Ach, Mohrle", sie stupste mich mit ihrem Näschen am Handrücken, als wollte sie mich motivieren. „Wenn ich dich doch nur verstehen könnte!"

Und wie ich so da saß, nur ihr Fell spürte und mit der Zeit nichts mehr wollte oder wusste, und ihr beim Schnurren zuhörte, gab es plötzlich nichts mehr zu sagen. Mit der Zeit lösten sich meine Gedanken und Sorgen in Luft auf. Ich *fühlte* die Katze nur noch.

Aus Schuldgefühlen, ihr diese Freude zu verwehren, streichelte ich sie oft sehr lange. Irgendwann – ich weiß den genauen Zeitpunkt nicht mehr – fing ich an, bei jeder Begegnung mit ihr mehr zu fühlen. Ich stellte verwundert fest: In Wirklichkeit liebkoste und lobte ich mich selbst. Sie spiegelte und vervielfachte nur meine Gefühle.

Und wenn ich nach einer langen Weile aufstand und schweren Herzens wegging, saß sie einfach nur reglos da und blickte mir nach. Bis in die geheimsten Tiefen meiner Seele. Was konnte sie nur sehen, was ich selbst nicht erkannte?

Kapitel 4 - Naturgesetze

Mein Vater schimpfte wie ein Rohrspatz: „Dieser blöde Vogel! Ich will heute mähen und er pfeift schon den ganzen Morgen!"

Der Regenruf des Buchfinks wurde lauter und eindringlicher und mein Vater grummelte verdrießlich. „Ich brauche heute Sonne, damit die Ernte trocknet – also hör gefälligst auf, über Regen zu flöten!"

Damit stapfte er entschlossenen Schrittes in Richtung Maschinenhalle. Er war schon immer rebellisch und wollte die Kraftprobe - er gegen die Natur – unbedingt bis zur Neige auskosten.

In unserer Flur verweilte auch schon in früheren Jahren eine ganze Anzahl an seltenen Vögeln. Leider vermehrten sich auch die Spatzen explosionsartig. Wir hatten einen Deal mit unseren Katzen: *Keine Vögel. Ihr habt Mäuse mehr als genug.*

Zuerst hielten sich die Katzen nicht daran, was wir sehr missbilligten. Sie jagten weiterhin

Vögel. Nicht etwa, weil sie selbst das wollten – vielmehr hatte die geistige Aufgabe, die unzähligen Spatzen in Schach zu halten, Vorrang.

Eines Tages tauchte ein Turmfalkenpärchen auf. Die anmutigen Vögel umkreisten unsere Flur an den Abenden und oft auch im Morgengrauen. Es schien ihnen zu gefallen und sie waren konkurrenzlos. So blieben sie.

Seit dem Tag haben wir keine einzige Hofkatze am helllichten Tag einen Vogel jagen sehen. Jetzt, da die Turmfalken für Ordnung sorgten, mussten die Katzen diesen Auftrag der Natur nicht mehr unbedingt erfüllen.

Gelegentlich ärgerte sich mein Vater gewaltig über die unzähligen Spatzen, die stundenlang laut schwatzend in einem Busch ihr Kaffeekränzchen abhielten.

Die Falken hörten diese Gedanken und betrachteten sie als Auftrag. Pfeilschnell schossen sie dann über die Büsche hinweg und fingen sich häufig auch Futter bei dieser Gelegenheit. Da war erstmal Ruhe im Gebüsch. Auch wenn es nicht lange hielt. Aber mit der Zeit bekamen die Falken ihr Revier in den Griff.

Eine Rabenfamilie wohnte auch hinter dem Hof. Manchmal, es schien ein ganz normaler Tag zu werden, kreisten sie über dem Hof und krähten wie verrückt. Allmählich wurde uns klar, dass sie Botschaften überbringen konnten. Und als wir das erst einmal verstanden hatten, schärften wir unsere Sinne.

Tatsächlich: Ein bestimmter Ruf kündigte Menschen an. Über die Jahre hinweg hatten sie immer recht. Wir wunderten uns oft: „Das kann nicht sein, wer sollte uns heute besuchen kommen?"

Einmal kamen sogar unangemeldet Freunde aus Österreich vorbei. Die Raben wussten es vier Stunden vorher. Exakt in der Minute, als unsere Bekannten auf der Autobahn beschlossen, die Route zu fahren, die bei uns vorbei führte, um einem Stau zu entgehen, wurden wir von den Raben darüber in Kenntnis gesetzt.

Bei uns entstand langsam aber sicher der Eindruck, dass „Tierkommunikation" bedeutete, dass Tiere mit Tieren über Raum und Zeit hinweg kommunizierten und wir davon kaum etwas begriffen.

Ich versuchte, das Wort „Tierkommunikation" in „Menschenkommunikation" umzuformulieren. Es wollte mir nicht gelingen.

Menschen kommunizierten nicht. Ja sicher, sie plapperten, stöhnten, meckerten und kicherten. Und hin und wieder kam auch etwas Nützliches wie ein halbwegs koordinierter Arbeitsablauf oder der Austausch mittelprächtiger Erkenntnisse dabei heraus. Aber im Großen und Ganzen? Nichts Nennenswertes.

In einem Gespräch erfassen wir von unserem Gegenüber verhältnismäßig wenig von dem kommunizierten *Inhalt* der Sprache. Die Mimik, Gestik, (Körper-)Haltung und das oft zitierte *Ungesagte* zwischen den Zeilen spielt eine entscheidende Rolle in der Kommunikation.

Die Episode mit den Raben ließ mich nicht mehr los. Sie wussten über eine große Entfernung hinweg binnen kürzester Zeit etwas, was ich von mir aus nie hätte wissen können: Dass die Bekannten sich umentschieden hatten und ihnen die Gelegenheit für einen kurzen Besuch als praktisch erschien. Also beschlossen sie während ihrer Pause an der

Autobahnraststätte, uns kurzerhand mit ihrer Anwesenheit zu beehren.

Der berühmte Satz: „Wenn man es planen müsste, hätte es nicht so punktgenau auf die Sekunde geklappt" kam mir in den Sinn. Dieses Gefühl von verblüffender zeitlicher und örtlicher Übereinstimmung von gewissen Dingen/dem Zusammentreffen von Personen fasziniert die meisten Menschen zutiefst. Verdutztes Lachen und eine Erklärung beiderseits, wie es nun genau in dieser Ecke der Welt zu diesem Treffen kommen konnte, versuchen manch unverhoffte Begegnung zu erklären.

So erzählte mir eine Freundin einmal, sie habe mit ihrem Mann in einer Großstadt in Asien Urlaub gemacht. Sie besprachen den Ablauf des Aufenthalts und folgten ihrem Gefühl: Jeder wollte einen Tag für sich selbst verbringen und auf Entdeckungsreise gehen. In einem völlig anderen Stadtteil – beide waren absolut ortsfremd – trafen sie sich *zufällig* vor einem kleinen Café und tranken zusammen eine Tasse Tee, ehe jeder bis zum Ende des Entdeckungstages wieder seiner Wege ging.

Ich fing an, mich genauer mit den Gesetzen von Raum und Zeit zu beschäftigen. Dabei stieß ich oft auf das Wort „Energie". Alle Welt sprach inzwischen davon. Die Esoterikszene blühte. Dabei fiel mir auf, dass es einige Gegensätze gab.

Manche beteuerten, sie könnten Energie fühlen und gaben im selben Moment oberflächliche Diagnosen zum Besten. Sie wollten helfen und betrieben Symptombehandlung. Die Sache mit der Selbstsabotage fiel mir wieder ein. Weshalb taten sie das?

Eine nette Anekdote beschreibt wohl am ehesten den Kern der Sache: Ein Patient kommt zum Arzt. „Wo tut's weh?" Der Patient drückt an sich herum: „Hier am Magen und ich hab da hinten unten immer Rückenschmerzen. Und mein Knie, genau hier." Der Arzt hört sich die Ausführungen eine Weile an, ehe er die Hand des Patienten nimmt, seine Finger begutachtet und diagnostiziert: „Der Zeigefinger ist gebrochen!"

Wenn ein Tier im sozialen Umfeld von Menschen Schmerzen oder Verletzungen erleidet, zieht es sich zurück und sucht in der Ruhe den Kontakt zu seinen ureigenen Selbstheilungskräften. Oder, die Tiere wenden sich an ihre Menschengefährten und bitten sie um Hilfe, wie in der folgenden Geschichte:

Eine der recht wilden Hofkatzen - eine zickige Schildpatt-Katzendame aus dem Bilderbuch - marschierte hin und wieder zielstrebig in den Stall und wich bei der Arbeit kaum von meiner Seite. Ich verstand erst nicht, was um Himmels willen sie versuchte, mir mitzuteilen. Irgendwann stellte ich genervt meinen Kübel ab, nachdem ich drei Mal beinahe über sie drüber gefallen wäre, und nahm sie hoch. Ich streichelte sie und fragte wachsam: „Na, mein Mädchen, was hast du denn?"

Sie schmiegte schnurrend ihren Kopf an mich und wand sich so lange, bis meine Hand eine Zecke erfühlte. „Achso, ja das können wir beheben." Sie war verständlicherweise nicht sonderlich begeistert und ich musste sie gut im Nacken festhalten, als wir ihr die Zecke entfernten.

Kaum war sie von dem Eindringling befreit, sprang sie hinunter auf den Boden, fraß genüsslich die vorher ignorierte Portion und verschwand.

Sie kam noch öfter mit einer Zecke im Fell angelaufen. Einmal konnte ich einfach keine finden – weder hinter den Ohren noch am Bauch. Da fing sie an, Schabernack zu treiben. Ich zog sie resolut am Hinterteil hinter dem Gatter der Kälberbox hervor - und fühlte die Zecke direkt unterhalb der Hinterläufe in ihrem weichen Gewebe.

Meine langjährige Erfahrung hat mir gezeigt, dass einfühlsame Wachsamkeit und achtsame Beobachtung bereits - wie man so schön sagt – *die halbe Miete* der viel diskutierten Zauberkunst „Telepathie" ausmacht.

Erst wenn wir uns wirklich Zeit nehmen, sowohl für uns als auch für das Lebewesen uns gegenüber und ehrlich interessiert sind, haben wir eine Chance, etwas zu fühlen. Und mit der Zeit lässt sich dieser Strudel aus Gefühlen immer besser unterscheiden und zuordnen. So wie bei dem Rauschen der Frequenz, ehe die Sprache klarer wird.

Bei dieser Gelegenheit möchte ich auf zwei grundlegende Punkte eingehen, die sehr oft miteinander verwechselt werden:

Wir Menschen haben fast automatisch im Kopf, dass wir den Tieren helfen müssten, weil sie kleiner, schwächer oder eben ... hilfloser wirken würden. Schließlich haben wir ja die Mittel und Methoden, die Globuli, Tröpfchen und Kräuterchen.

Nicht zu vergessen sind wir in der Theorie viel schlauer als sie. Wir forschen. Wir lehren. Wir nehmen an.

Ich persönlich habe auch geforscht. Die Tiere haben mich gelehrt, dass wir für alle anderen Methoden und Techniken, egal welcher Art, zunehmend eine unserer wichtigsten Fähigkeiten vernachlässigen: Unsere Selbstheilungskräfte. Der Preis ist wahrlich bedenklich hoch. Hier könnte ich gleich bücherweise Beispiele aus dem Alltag anbringen.

Ich fasse es lieber kurz zusammen: Das, was wir *glauben*, prägt uns. Das Gesetz von Ursache und Wirkung tritt in Kraft und unser Körper und jede einzelne Zelle geht in Resonanz mit unseren ausgesendeten Überzeugungen: Die Energie, die durch die Zelle rotiert, wird durch negative Gedanken, Glaubenssätze und Gefühle verdichtet. Sie wird dunkler und somit träger – schwerer und langsamer. Ein Stau bildet sich.

Genau wie bei der Wasserglas-Kommunikation: Sprösslinge werden in zwei Gläser gegeben. Das Wasser speichert die Information, die ihm vermittelt wird: Dem einen Glas mit den Sprösslingen wird täglich erklärt, dass es gebraucht werde, sowie wichtig, geliebt und wundervoll sei. Bei dem anderen Glas wurden viele negative Gefühle, Gedanken und Worte kommuniziert.

Die traurigen Sprösslinge verschimmelten. Die glücklichen, die viel gelobt wurden, blühten hingegen auf.

Glaubt ein Tierbesitzer nun daran, dass sein Tier schwach sei, ist ein anfälliges Immunsystem vorprogrammiert. Denkt er dann auch noch, dass er mit seinen erworbenen Kenntnissen und fachlichen Methoden seinem Tier helfen kann, steigt die Wahrscheinlichkeit, dass es andauernd krank wird – damit der Besitzer ihm zur Hilfe eilen muss - um ein Vielfaches. Die Frage wäre eher, weshalb der Tierhalter es nicht aushalten kann, dass das Tier gesund ist? Sie wären erstaunt, wenn Sie wüssten, wie viele Tierbesitzer andauernd die Tiere – und meist auch ihre Kinder gleich mit – verhätscheln, um sie emotional an sich zu binden.

Mohrles Kommentar zu diesen Diskussionen war recht kurz angebunden:

„Würde dieses Verhalten (Überfürsorge, emotionales Klammern und ständige Ratschläge) Sinn ergeben, wären die Naturgesetze der Evolution

– allen voran das Recht des Stärkeren (sowohl körperlich als auch geistig) – außer Kraft gesetzt. Die Schöpfung würde aus ihren Angeln gehoben werden."

Womit ich bei der zweiten Kleinigkeit angekommen bin:

Natürlich ist es auch nicht schön, Tiere leiden zu sehen. Da sind wir bei uns selbst allesamt durchgehend toleranter. Eigentlich sehr seltsam, schließlich muss sich der kranke Mensch die ganze Zeit über selbst ertragen! Wie schon gesagt, Selbstsabotage.

Also, was tun, wenn man keinen Rat für seinen kranken Schützling – oder etwas direkter und konfrontierender – sich selbst, weiß? Wenn kein klarer Impuls, keine kreative Idee da ist?

Nichts!

Na ja, nicht ganz nichts. Schließlich kann man nicht nichts tun. Das wäre ja fürchterlich langweilig!

Ich meine eher: Warten.

Durch unser ständiges Herumschrauben an der Sache wurde der Energiestau stets aufs Neue getriggert. Jetzt lassen wir die krampfhaften

Versuche zur Zwangsoptimierung – zu Beginn meist mit Müh und Not – bleiben.

Bei der Planung einer Party zum Beispiel ist es oft kein gutes Zeichen, wenn eine Kleinigkeit nach der anderen zäh anläuft: Man findet keinen passenden Raum, das Menü passt nicht für alle Partygäste und am Ende sagen die besten Freunde wegen Krankheit ab.

Je früher man merkt, dass man sich zu sehr in der Sache verliert, desto eher kann man den inneren Fokus feiner justieren: Es ist eine Geburtstagsparty zu Ehren des Geburtstagskindes!

Und was müsste da sein, damit nichts fehlt? Ein Kuchen und Musik? Und vielleicht noch etwas, was bisher noch gar nie da war? Wie verhalten sich die geladenen Gäste? Kommen sie aus Pflichtgefühl? Wollen sie etwas Persönliches schenken oder erwarten sie gutes Essen?

Ich bin sicher, wenn das Geburtstagskind fühlt und bewusst mit der Aufmerksamkeit bei sich (und nicht bei der Aktion der Partyplanung) bleibt, wird es ein glänzendes Fest!

Einfach lassen und abwarten. Und ganz wichtig: Beobachten. Achtsam bleiben. (Los-)lassen ist keinesfalls gleichbedeutend mit Gleichgültigkeit! Keiner muss also fürchten, dass ihm eine Mitteilung seines Tiergefährten entgeht oder er ausgeschlossen wird, wenn er es einfach lässt. Lediglich die Relevanz verändert sich: Es ist nicht mehr megawichtig. Sehr viele Dinge sind im Grunde irrelevant und verbrauchen durch unser Zutun – zum Beispiel durch Ärgern oder Meckern – nur eine Menge Energie. Dieses Wissen hilft, die sogenannten kleinen Ärgernisse des Lebens gelassener zu sehen und schwupp – schon löst sich die Hälfte unserer Alltagsproblemchen ganz von alleine in Wohlgefallen auf.

Die Schweizer würden dazu sagen: „S' isch lässig, oder?"

Und, liebe *Telepathie*freunde, ich möchte eines in aller Deutlichkeit sagen: Ich meine das nicht oberflächlich! Wenn euer Gehirn das jetzt verarbeitet und ihr bei dem nächsten körperlichen Problem eurer teuren Tiergefährten einfach feststellt: „Ich habe mit ihm *telepathisch kommuniziert*. Er braucht einfach Ruhe. Daher will ich nicht zum Tierarzt mit ihm ...", dann ist das energetisch und ethisch unterlassene Hilfeleistung!

Übernehmt eine erwachsene Verantwortung und fragt euch bitte immer, ob ihr von euren eigenen Wünschen und Bedürfnissen unabhängig entscheidet. Oder wie ein guter Arzt fragen würde: *Was fehlt Ihnen? Wenn Sie eine Entscheidung treffen - aus welchen Gründen auch immer – was würde Ihnen dann fehlen?*

Die Frage bleibt, weshalb eine Tierseele meist kerngesund ist und die Seelen der Menschen zunehmend kränker werden.

Hierzu möchte ich, um den Kreis zu schließen, meine persönliche Annahme von dem, was ich erforscht und was mich die Tiere gelehrt haben, in einigen Worten zusammenfassen:

Wir sind permanent überreizt. Früher konnten wir noch Vogelstimmen unterscheiden, heute sind sie über den Stadtlärm hinweg kaum noch zu hören.

Die Eindrücke der äußeren Welt überfluten unsere Sinne. Eine Möglichkeit sich zurückzuziehen gibt es kaum noch. Es bedarf für die allermeisten von uns einer ganzen Menge an Selbstdisziplin, Durchhaltevermögen und Konsequenz, wenn wir in Ruhe - und somit ohne die zur Gewohnheit gewordenen Einflüsse der Bildschirme, der technisch erzeugten Musik und des Terminkalenders - für ein paar Momente am Tag fühlen und atmen wollen. Die Ruhe zu ertragen, ist für unsere strapazierten Sinne wahrlich eine Herausforderung.

Die Überreizung führt zu Verzögerungen im Verarbeitungsprozess. Ein Energiestau entsteht. Viele sind überfordert, werden panisch und unterdrücken diese Gefühle. So bilden sich unter anderem Depressionen. Ein düsteres Bündel angestauter Energie – umso dichter, desto schwerer. Haben Sie schon mal eine depressive Kuh auf einer Alm grasen gesehen, die den Sinn des Lebens verloren hat? Oder eine wohlgenährte Raubkatze, die in freier Wildbahn auf ihrem abendlichen Rundgang den Kopf hängen ließ, weil sie so schlecht gelaunt war? Nein?

Ich auch nicht.

Sicher, Tiere in enger, sozialisierter Umgebung in Wohnungen mit Fernseher werden abgestumpft – aus Selbstschutz.

Dennoch bleiben sie sich im Wesen selbst treu. Ich nehme an, dass Tiere einen freien Willen haben, sofern sie sich in natürlicher Umgebung entwickeln. Trotzdem gilt das Recht des Stärkeren und der Mensch hält sich nun mal für die Krone der Schöpfung.

Daher hat er sich alles so eingerichtet, wie er es gerne hätte: Er verspeist die in der Rangfolge niedrigeren, baut sich die größten Höhlen - *ähm, ich meine natürlich Häuser* - und zeigt den „Kleinen", wo ihr Territorium zu sein hat. Alles zum Vergnügen und zur Freiheit der Selbstgekrönten.

Aber wie frei ist der Mensch selbst wirklich?

Diese Frage kann jeder nur für sich selbst beantworten.

An dieser Stelle ein Sinnbild in Form der Auflösung unserer Geschichte von Sonne und Regen am Kapitelanfang:

Der Buchfink sollte Recht behalten. Es regnete in Strömen. Innerhalb von zehn Minuten hatte die Ernte, welche acht Wochen lang gewachsen und gediehen war, knapp die Hälfte an Qualität eingebüßt.

Seither wurde der Buchfink von uns mit einer Trefferquote von ca. 97,32% jedem Wetterbericht vorgezogen.

Wenn das treue Kerlchen einmal nicht Recht hatte, dann, weil sich die Regenwolke auf dem Nachbarfeld entleerte – sehr zum Verdruss des entsprechenden Bauern. Er hatte den Wetterbericht gehört.

Kapitel 5 - Widerstand

Ein weiterer Grundkurs – bei einer anderen Tierkommunikatorin – stand für mich an. Sie hatte Tiergespräche, eine Krafttierreise und eine Meditation zum mentalen, telepathischen Austausch mit dem *persönlichen Schutztier* im Gepäck. Nicht zu verwechseln mit dem Kontakt zu einem *Tierlehrer* (wie die Katze Mohrle).

Interessanterweise kommt es meiner Erfahrung nach öfter vor, dass eine Katze die Aufgabe eines Tierlehrers innehat. Im Vergleich zu einem Hund, der oft als persönlicher Spielgefährte und Beschützer dient. Im wahrsten Sinne des Wortes treu ergeben und mit ganzem Herzen.

Die Beziehung zu unserem eigenen Schutztier stellt eine überaus intensive Verbindung dar. Es sind nicht selten Seelen verstorbener Tiere. Manchen Tieren ist man nur einmal im Leben begegnet, wonach die Tierseelen eine übergeordnete, energetische Verantwortung übernommen haben.

Andere sind oder waren viele Jahre ganz nahe bei den Menschen. Bei einer Freundin ging es sogar so weit mit der inneren Verbindung, dass einmal der Kommentar fiel, sie sei energetisch mit ihrem Hund verheiratet. Sie hat das freudestrahlend bestätigt und ihren Ehe-Hund immer ein bisschen geneckt. Er hat es mit stoischer Gelassenheit ertragen und es ihr hin und wieder in Form von ausgeräumten Plastikmüllsäcken oder einer Sturheit, die seines Gleichen suchte, heimgezahlt.

Bei den Übungen im Tierkommunikationskurs scheiterte ich wieder gründlich. Ich fragte mich langsam, warum gerade ich, die doch tagtäglich mit Tieren arbeitete, solche Probleme hatte mit einer kleinen intuitiven Übung. Nicht, dass ich mir darauf etwas einbildete - im Ernstfall hatte ich zum Glück bis dato immer kreative Ideen und schnelle Reaktionen gezeigt.

Und noch eine Übung: Ein paar kleine Zettel mit Farbtupfern darauf wurden verdeckt verteilt. Jeder sah sich seine Farbe an und bemühte sich nach Kräften, diese eine Farbe, die er gezogen hatte, zu visualisieren.

Eine Frau hatte offenbar so stark visualisiert, dass wir fast alle auf dasselbe getippt hatten bei ihr: einmal Gelb, einmal Rot.

Manchmal kam spannenderweise auch die Komplementärfarbe dabei heraus. Ich hatte Lila und mir wurde Gelb nachgesagt. In einem anderen Fall wiederum Grün statt Rot.

Diese Übung finde ich bis heute sehr einsteigerfreundlich und sie ist beliebig abänderbar und ausbaufähig.

Mit der Zeit im Kurs merkte ich frustriert, dass mich diese ganze Theorie langweilte und ich mich fehl am Platz fühlte. In meinem Alltag hatte ich ständig Tiernotfall-Action und hier passierte ... nichts. Ich hockte nutzlos herum, wie ein verdammter Geheimagent, der ohne seine Knarre in den Urlaub fahren sollte, während alle anderen Kollegen Verbrecher jagen durften. Ich saß auf dem Trockenen. Und der Kurs ging noch fünf Stunden. So ein Mist.

Ich wurde regelrecht aggressiv. Also nahm ich mir vor: Erstmal keine Kurse mehr. Mit diesem befreienden Vorsatz schaffte ich es, mich halbwegs auf den Kurs einzustellen. Irgendwann kapierte ich, dass die Voraussetzungen einfach viel zu verschieden waren.

Die Kursteilnehmer waren alle sehr freundlich. Und wirklich tolle Menschen. Echt jetzt. Aber viel zu besorgt um die Tiere. Sie behandelten sie wie ihr Eigentum. Und sie redeten *über* die – *ihre* – Tiere. Nicht *mit* ihnen. Irgendwann beschwerte sich eine Teilnehmerin, dass ihr Pferd so schwierig sei und sich nicht zureiten ließe.

Die rothaarige, temperamentvolle Frau erzählte exakt das von ihrem Pferd, was sie selbst ausstrahlte. Unkontrollierte, impulsive und unterdrückte Energie.

Was mich auf eine Übung für meine eigenen Konzepte gebracht hatte: Man schreibe auf, welche Eigenschaft – in einem Wort - einen am allermeisten an seinem Tiergefährten stört und welche Eigenschaft man an seinem flauschigen Lauser sehr gern hat.

Notiz an mich: Die ungeliebte und - wenns unbedingt sein muss - die geliebte Eigenschaft – vom Partner/Ehepartner/Kind/Elternteil auch gleich mit draufschreiben. Am besten, wenn man gerade richtig sauer ist. Wut hilft bei Ehrlichkeit. Hass und

54

Liebe liegen nämlich nahe beisammen. Vorsicht:
Könnte zu persönlicher Entwicklung führen!

Dann gehe man zu seinem besten Freund/Vertrauensperson und frage, welche seiner/ihrer Einschätzung nach die größte eigene Schwäche sei. In einem einzigen Wort formuliert. Eine Eigenschaft. Und bitte die Stärke nicht vergessen!

Ich wette, das Ärgernis des Tierbesitzers und seine eigene Schwäche haben direkt etwas gemein oder bilden eine wichtige Verbindung, einen Kontrast, Ausgleich oder Knotenpunkt im energetischen Beziehungssystem zwischen Tier und Mensch/ganzer Familie.

Learning by Doing: Kommunikation.

Familienaufstellung à la carte.

Dieser Seminartag hatte mir im Nachhinein sehr viel gebracht: Ich sah endlich einmal ein, dass ich ein klein wenig mit Tieren arbeiten konnte. Die Teilnehmer waren so sehr mit *sich* oder – automatisch - *Problemen ihres Tieres* beschäftigt, dass die Wesenheit des Tieres gar nie angesprochen wurde.

Das war für mich allerdings unumgänglich – ich bin ein Fan von ganzheitlichen Sichtweisen.

Also forschte ich weiter. Na ja, oder sagen wir, ich forschte auf eigene Gefahr. Das ist ein kleiner Unterschied. Ich würde damit heute nicht mehr so leichtsinnig umgehen.

Ich setzte, wieder zuhause auf dem Hof meiner Eltern angekommen, meine Erkenntnisse aus dem Seminartag in die Tat um:

Hochmotiviert betreute ich den Kälber-Kindergarten und testete: Bei einem Kalb machte ich immer viele Späße, bei dem anderen Tier war ich eher ernst. Ja klar, ich hab ihn auch hinterm Ohr gekrault und gelobt. Aber ich habe beim Verteilen des frischen Strohs in der Box keine kleinen Strohbüschel nach ihm geworfen, woraufhin manches Kalb vor Freude Bocksprünge gemacht hatte.

Bereits nach wenigen Wochen zeichneten sich erste Ergebnisse ab: Die verspielten Kälber waren gesundheitlich nicht ganz so stabil. Sie waren sozialer und anhänglicher. Und sehr stark auf meine Anweisungen und mein Lob fixiert.

Aber sie gehorchten nicht. Kein bisschen. Gut, dass wir die Tiere ohnehin verkauften. Diese Kälber später als Kuh am Halfter zu führen, wäre ein echtes Problem geworden. 600 Kilo kann man schließlich nicht einfach mal eben hinter sich her schleifen. Und betteln bei einer Kuh? Da können Sie lange warten ...

Dann legte ich mich innerlich mit den Kühen an.

Im Stall gab es eine hübsche Braunviehkuh. Ich hatte sie schon als Kälbchen mitbetreut. Sie hieß Buche.

Buche war sehr sensibel, galt als ruhig und umgänglich und reagierte auf jede negative Emotion meinerseits. Wenn ich sauer war, kickte sie mit dem Fuß trotzig das Melkzeug weg und es fiel in den Dreck. Ein Mal, zwei Mal. Ich kochte. Wie konnte sie nur?

Moment, ganz ruhig. Es war nur ein Test. Ach ja, und die Runde ging an Buche. *Grummel.*

An einem anderen Tag war ich unaufmerksam und zerstreut in Gedanken. Prompt bekam ich eine gewischt. Hätte mich fast getroffen. Danach war ich wach. Drei Tage später war ich wieder abgelenkt. *Zack!* Ich konnte gerade noch ausweichen.

3:0 für Buche.

Es war aber auch wie verhext. Immer nur bei ihr passierte mir das. Und sie stand ausgerechnet am Anfang der zu melkenden Kuhreihe. Sogar die anderen beiden, sehr jungen und nervösen Kühe konnte ich besser melken. *Grrr!*

Ich beobachtete mich. Mein Umfeld. Und verlegte mich auf energetische Tests mit Maschinen. Bei der Ernte probierte ich verschiedene Fahrweisen aus: Langsam und vorsichtig. War gemütlich, dagegen konnte ich nichts einwenden. Aber ich war zu perfektionistisch. Setzte mich unter Druck. Spannung baute sich in mir auf.

Die Sache mit dem Wetter wurde eng. Ich musste ohnehin aufs Gaspedal drücken. Eine halbe Stunde später klemmte das verflixte Ding und ich musste den anderen Fahrer um technische Hilfe bemühen. Der Betrieb stand. Wegen mir. *Hast du toll hingekriegt.*

Okay, jetzt wollte ich es wissen. Eins gegen eins. Nur du und ich.

Meine Mutter war inzwischen am Kran eingeteilt. Jeder, der mich persönlich kennt, weiß, dass ich mein Temperament von meiner Mutter habe, wie man so schön sagt. Das konnte heiter werden.

Wir hatten keine Zeit zu verlieren und besonders viel Ernte auf den Feldern. Mein Vater musste essen, weil er bis spät abends im Hochsilo arbeiten würde.

Ich saß wieder auf dem kleinen Traktor mit dem reparierten Gaspedal. *Welch' Ironie.* Ausgerechnet mir war das Gaspedal abgeschmiert. *Hmpf.*

Mein Traktor hatte eine Zange vorne dran, ähnlich wie bei einem Bagger.

Die Kranzange hingegen wurde über herabhängende Seile gesteuert.

Wenn der Kran seinerseits die ersten Zangen im Silo verfrachtet hatte, blieben kleine Hügel zurück, die ich mit meinem Arbeitsgerät zusammenschieben musste. Ohne diese Unterstützung des Traktors würde der Kran irgendwann nur noch kleine Ladungen mit der Zange fassen. Das bedeutete wertvolle Zeit, die sonst verloren ginge.

Meine Mutter war nicht sonderlich geübt im Kranfahren und stand nur dreimal im Jahr im Steuerungshäuschen oben – wenns hoch kam.

Ich war auch unsicher, vor allem nach meiner „Gaspedal-Glanzleistung". Und so war es unvermeidlich, dass eine relativ gefährliche Situation entstand.

Meine Mutter fuhr zu nahe mit dem Kran an meine Zange - mit voller Schwebelast. Der Kran schwankte in meine Richtung und ich musste drei Hebel gleichzeitig ziehen, um eine Verkantung unserer Zangen zu vermeiden. Und ja, sonderlich viel Übung hatte ich auch nicht, weil ich normal nur in der Haupterntezeit fuhr. Dadurch geriet der kleine Traktor beinahe aus dem Gleichgewicht. *Echt nicht mein Tag.*

Als mein Vater wieder die Kransteuerung übernommen hatte, versuchte ich, das Gelernte umzusetzen: Ich fuhr nicht zu langsam, bewusst rhythmisch und im Wechselspiel mit ihm, damit wir uns nicht mit den Zangen in die Quere kamen. Und ich achtete sorgsam darauf, dass der Traktor - respektive ich - nicht wieder aus dem (inneren) Gleichgewicht kam.

Diese Taktik funktionierte. Ich wendete sie auch sonst bei der Arbeit an und musste verdutzt feststellen, dass ich kaum mehr Probleme hatte, wenn ich einfach nur auf dieses bestimmte Gefühl achtete. Es war wie ein Anker.

Aber mein Verstand war sehr unzufrieden. Irgendwie war das zu einfach. Ich suchte andere Gründe. Ausreden. Dinge, die ich nicht gut konnte.

Aber wenn ich ehrlich war, kam ich immer zu demselben Ergebnis: Ich konnte nur eine einzige Sache nicht. Diese Eigenschaft brachte mich in allen Lebenslagen in schwierige Situationen.

Nach einiger Zeit packte ich das Thema beim Schopf. Die Erkenntnisse lagen mir praktisch alle zu Füßen.

Wenn eine bestimmte Person schlecht drauf war, hatte das immer denselben Grund. Eine andere Person geriet mit einer dritten konsequent aneinander, wenn gewisse Voraussetzungen gegeben waren. Und so weiter.

Die Muster sprangen mir förmlich entgegen. Am meisten faszinierte mich folgende Beobachtung: Viele Menschen sprachen von ihren zahllosen Fehlern. Aber tatsächlich klammerten sie sich immer an exakt *einem* Thema fest – und fanden tausend Ausreden, um sich vor der direkten Konfrontation mit sich selbst zu drücken. Es war meist allzu offensichtlich und sie litten ganz entsetzlich darunter. Aber sie gaben fast ausschließlich den Mitmenschen oder dem Schicksal die Schuld.

Das ist bis heute eine meiner essenziellsten Erkenntnisse. Ich habe in den letzten Jahren meine *Schwäche* in *Aufgabe* umbenannt. Wenn ich diese Aufgabe gründlich und konsequent umsetze, dann bin ich auf der sicheren Seite und die Tatsache, dass ich mich nur mit einem einzigen Thema *schwerpunktmäßig* beschäftige, erleichtert mich und verbessert meine Lebensqualität enorm.

Und wenn einmal etwas nicht so glatt läuft, dann weiß ich, woran es liegt. Das ist wirklich tröstlich.

Die Rollen haben sich gedreht. Früher dachte ich, ich müsste Grenzen testen. Mich selbst beweisen. Ist doch *nur* eine blöde Kuh. Heute mache ich das, was mir Freude bereitet. Falls ich nicht weiter weiß, bitte ich ein Tier um Hilfe. Das ist ganz einfach:

Ich betrachte den Tiergefährten mit meiner ganzen inneren und äußeren Aufmerksamkeit, beobachte die Gangart, bewundere die Farbzeichnung des Fells und die Lebensfreude, halte einige Momente inne in meinen zahllosen Gedanken, unterbreche den selbst fabrizierten Stressstrudel und meinen unterbewussten Alltagstrott, fühle wieder und erinnere mich an meine eigene Aufgabe.

Ich atme mehrmals bewusst ein und aus, ein ... und schließlich bei der Sichtung meines Ankers erleichtert aus: Es ist ja zum Glück nur eine einzige Aufgabe. Der Kurs, den mir meine Aufgabe vorgibt, wird mich sicher durch alle Wellen des Lebensozeans tragen.

Kapitel 6 - Freiheit

Sie wollen endlich wissen, wie man mit dem störrischen Gaul Klartext redet und was Ihr aufgeweckter Hund den lieben langen Tag so erzählt? Okay, los geht's.

Beobachten Sie. Die Ohren. Was kann eine Katze mit ihren Ohren anfangen? Wie ist das bei Nachbars Pudel? Können Sie überhaupt die Geräusche außerhalb der Reithalle wahrnehmen, die Ihr Pferd vielleicht aus dem inneren Gleichgewicht gebracht hat? Nein?

Sie sollten vermutlich mal wieder Ihre Ohren putzen. Nee, nicht die äußeren, sichtbaren Ohren. Das Gehör. Schärfen Sie den *Gehörsinn*. Spitzen Sie die Ohren. Lauschen Sie mit Ihrem Herzen. Am besten eignen sich dazu für den Anfang Wind und Regen. Können Sie sanfte Schneeflocken vom Himmel fallen hören?

Bei der Wanderung durch eine Innenstadt höre ich tausend Geräusche. Ich kann mich treiben lassen oder einem bestimmten Geräusch folgen. Aktiv oder passiv. Oder reaktiv. Wenn es zu laut wird, wandere ich weiter. Die Überforderung setzt unter Umständen – und je nach Sinnesübung - schon nach wenigen Minuten ein. Zumindest beim ersten Versuch. Es gibt so viele kleine Geräusche, die wir gar nicht mehr hören können. Wir haben es glatt verlernt. Und das Weg-Hören haben wir dafür ziemlich ausgiebig trainiert. Und setzen uns jeden Tag einer ungeheuerlichen Lärmbelastung aus, die sich auf die Dauer sowohl in Physis wie Psyche mit schweren Langzeitfolgen bemerkbar machen kann.

Okay, was kann Ihr flauschiger Gefährte noch? Ja, zum Beispiel riechen. Für was braucht er den Geruchsinn? Ist er darauf angewiesen, um Futter ausfindig zu machen oder hat er vielleicht einen Jagdinstinkt?

Je nach dem, ob das Tier (Tierart) mit dem Geruchssinn einen Deal hat, um zu überleben, oder ob es ihn „nur" alltäglich benutzen muss, wird seine Spürnase verschieden ausgeprägt sein.

Tiere nutzen ihre fünf Sinne übergreifend und kollektiv, so dass uns oft einfachste Erkenntnisse oder logische Schlussfolgerungen entgehen, weil wir zu stark auf einzelne Sinne fokussiert sind. Wie könnten wir verstehen, weshalb unser Hund findet, dass Nachbars Dackel Waldi nach Schlamm oder Zigaretten muffelt und unser Hund den Waldi deshalb wie verrückt anbellt, wenn wir es nicht riechen können?

Die Augen. Natürlich! So viele Bilder!

Dabei schauen die meisten Menschen gar nicht mehr hin. Fixieren Sie einmal für zehn Minuten bei einem Tier die Gangart. Heften Sie sich mit Ihren Augen an seine Fersen. Wann bremst es ab? Wie sind die Schrittfolgen? Welche Sehnen sind angespannt? Welche Pfote wird am meisten belastet? Gehen Sie einige Momente in den Schuhen Ihres Gefährten mit. Begleiten Sie ihn. Er wird Ihnen die ganze Welt vor seinen Pfoten zu Füßen legen.

Schätzen Sie den Raum unter seinen Tatzen mit seinen Augen ab. Wie weit ist der Abstand von der Nase bis zum Boden?

Dieser Gedanke kam mir, als ich eine Giraffe eine Weile betrachtete. Sie trank aus einem Tränkebecken an der Wand des Giraffenhauses. Sie schlürfte einige Schlucke – verteilte die Hälfte davon auf dem Boden, während sie den Kopf hob, und schaute aus den Augenwinkeln zu den Besuchern. Gemächlich senkte sie den Hals wieder etliche Meter nach unten. Der Trog kam verhältnismäßig erst sehr spät in ihr Blickfeld, weil sie ja schlecht an ihrem langen Hals senkrecht hinunter gucken konnte.

Was kommt wann in das Blickfeld des Tieres? Wie ist die Wahrnehmung? Einige Tiere sehen direkt vor der Schnauze nichts, andere hängen praktisch mit den Augen auf den Krallen. Schauen Sie ganz genau hin.

Und wo schauen Sie im Alltag so hin? Gewiss nicht oft in den Himmel (oder generell nach oben), denn davon könnte man ja gute Laune bekommen. Nachweislich. Es verändert die Haltung – äußerlich wie innerlich.

Das „in die Ferne schauen" ist auch so eine Sache. Eigentlich ist dagegen nichts einzuwenden. Allerdings verändert sich davon auf Dauer das Körpergefühl. Man fängt an zu träumen. Da unterscheiden wir uns von Tieren sehr deutlich. Tiere schauen sehr bewusst in die Ferne. Ihnen entgeht nichts.

Das könnten Menschen auch, allerdings verlernen sie es gerade mit erschreckender Geschwindigkeit. Die Bildschirme sind alle sehr nahe vor dem Gesicht platziert und meist viel zu hell. Dadurch können vom Auge Reize in der Natur schwerer wahrgenommen - und unterschieden - werden. Wir verdonnern unsere Augen und unser Nervensystem zu einem Zwangs-Rauschen mit unangenehm stechenden Frequenzen.

Aber auch direkt vor der Nase der Leute und mit einer Anleitung für Zoobesucher sind mir hochinteressante Aspekte in Sachen „Weg-schauen" aufgefallen:

Mein Mann und ich standen einmal vor einer riesigen Felsenlandschaft. Auf dem Schild stand, dass im Gehege ein Tiger wohnen würde. Aber er war nirgends zu sehen. Wir waren viel gelaufen und unkonzentriert. Also machten wir eine Pause. Auf einer Bank vor dem Gehege setzten wir uns hin und kamen zur Ruhe.

Auf einmal hob mein Mann aus reinem Gefühl heraus den Kopf und sagte: „Da, ganz oben liegt er ja!"

Mit dem Handy machte er ein paar Fotos – und seither gibt es dieses Bild, auf dem ein Tiger genüsslich und mit weit aufgerissenem Maul, gähnt.

Allein in der Zeit, in der mein Mann mit dem Handy dastand, sind über 20 Zoobesucher an uns vorbei gegangen und haben den Tiger nicht wahrgenommen.

Am deutlichsten war der Effekt im Schmetterlingshaus auf der Insel Mainau. Es waren überall tolle Fotos mit Beschreibungen angebracht. Und die Menschen gingen alle blindlings durch das Haus. Sie entdeckten vielleicht *einen* Schmetterling. Viele Besucher sahen enttäuscht aus. Wir gingen mehrmals hin und her ... und sahen zuerst auch nichts.

Weil die Falter so gut getarnt zwischen den Blättern und Zweigen waren, dass unser menschliches Auge die Facetten des minimalen Farbunterschieds kaum wahrnimmt. Schließlich entdeckten wir erst einen, dann zwei und dann immer mehr bunte Falter in allen Größen und Farbschattierungen. Da wurden die Menschen um uns herum aufmerksamer und starrten fasziniert auf die versteckte Farbenpracht im Schmetterlingshaus. Irgendwann suchten wir das Weite – wir hatten das

Gefühl, in eine Schmetterlingspressekonferenz geraten zu sein.

Das klingt ja alles irgendwie nachvollziehbar.

Fachfrage: Kann man auch mit den Ohren sehen? Nein? Wie wär's mit dem Tastsinn?

Vielleicht begrenzt. So eingeschränkt und limitiert, wie unser Verstand eben ist. Aber wenn ich wüsste, wie ein Korb aussieht, könnte ich durch das Abtasten des Henkels, des Füllraums und der Innenfläche ein Bild vor meinem inneren Auge sehen: Einen Korb.

Eine kleine Spielerei: Wenn ein Spatz am Flügelschlag hört, wie ein anderer Spatz aus demselben Nest flattert, in dem er selbst gerade sitzt, den Windhauch auf seinem Federkleid spürt und den vertrauten Duft seines Spatzenfreundes riecht, was glaubt er dann, mit seinem klugen Spatzenhirn gesehen zu haben? Den Schatten? Den ganzen Vogel? Das wunderhübsche Gefieder seiner Angebeteten? Oder entsteht nur das innere Bild vor seinem Auge?

Unser Gehirn ist Meister darin, Dinge per Autokorrektur in die fehlenden Wissenslücken der *tatsächlichen Sinneswahrnehmung* einzufügen.

Daher unterscheide ich hier bewusst:

Sprache beinhaltet eine Vielzahl von Sprachen.

Kunst bildet sich durch greifbare Ausdrucksformen.

Kommunikation wird durch viele
Kommunikationsebenen gehandhabt.

Energie bewegt unendliche
Schwingungsfrequenzen.

Telepathie beinhaltet alle Formen von
Informationen.

Gewohnheit birgt zahllose Gewohnheitstiere ...

Kapitel 7 - Beweglichkeit

Bewusstseinserweiterung 2.0 – Crash Kurs.

Bevor Sie denken, jetzt kommt der ultimative Kick ... das wird nicht passieren. Es sei denn ...

Stellen Sie sich Folgendes vor:

Ihr rot-gestraumelter Gefährte - ein Prachtkerl von einem Kater - liegt gemütlich ausgestreckt auf dem Boden - direkt in der offenen Wohnzimmertür. Die Sonne scheint auf sein Fell und er genießt die Wärme. Er findet es megapraktisch, von seinem Platz aus alles im Blick zu haben. Auch wenn er sich hin und wieder darüber ärgert, dass Sie ihm den Kratzbaum nicht direkt in die Tür gestellt haben. Dann wäre seine Aussicht noch besser und er müsste sich nicht zwischen menschlicher Zirkusvorstellung oder tierischem Fensterfernsehen mit Vogelprogramm entscheiden. Er freut sich sehr darauf, dass er gleich Besuch von Ihnen bekommt. Woher er die *Information* hat, dass Sie um diese Zeit nach Hause kommen würden und sich vor zehn Minuten schon mal zur Begrüßung platziert hat, erörtern wir im nächsten Kapitel.

In Vorfreude auf Ihre Streicheleinheiten schnurrt er und fühlt sich rundum wohl. Er blinzelt Ihnen zu - „alles super bei mir – wie läufts bei dir so, Kumpel?" - als Sie zur Eingangstür reinstolpern.

Und was denken Sie?

Uff, das war ein stressiger Vormittag. So viele Termine.

Sie sind mit drei randvollen Einkaufstüten bepackt und wollen diese in der Küche abstellen. Dazu müssen Sie durchs Wohnzimmer – und wer liegt wieder mal mitten im Türrahmen?

MAUSEZAHN!

Sie haben es ihm schon tausend Mal erklärt.

Als er noch nicht so rund war, konnten Sie ihn problemlos mit dem Fuß auf die Seite schieben. Nicht, dass Sie es dulden würden, wenn jemand mit einem kräftigen Schubs gegen *Ihre* Seite sein Territorium abstecken würde, aber Mausezahn versteht das schon. Er ist ja auch selber schuld, wenn er immer im Weg liegt.

Dann haben Sie ihn hochgehoben und weggetragen. Mausezahn hat Ihnen wie verrückt zugeblinzelt und geschnurrt, als hätten Sie ihn drei

Tage nicht mehr auf dem Arm gehalten und geknuddelt.

Beim Putzen lag er wieder im Türrahmen. Als Sie ihm wild gestikulierend zu verstehen gegeben haben, dass er sein pelziges Hinterteil endlich aus dem Türrahmen schwingen solle, wenn Sie schon immer seine ganzen Haare wegsaugen müssten, trottete er Richtung Küche um etwas zu fressen. Er war aus dem Weg - sehr gut! Der Boden war noch nass und Sie leerten gerade draußen den Eimer mit dem Putzwasser aus. Wer lag wohl in der Wohnzimmertür, als Sie mit dem Putzeimer in der Hand zur Wohnungstür hereinkamen?

Als Sie einen Wutanfall bekamen, Mausezahn hochhoben und einen Meter weiter links unsanft wieder auf den Boden plumpsen ließen, um endlich freie Bahn zu haben, blinzelte er Ihnen schon wieder zu.

Und was könnte Mausezahn wohl denken?

Tolle Vorstellung! Erstklassig! Applaus! Endlich mal was los hier. Was? Wieso werd ich denn jetzt wieder auf die Seite geworfen? Ah, na ja, die hat grade ihre fünf Minuten. Die soll ruhig machen – ich hab Zeit. „Blinzel"

Es gibt grundsätzlich zwei Arten auf eine Situation zu reagieren: emotional oder gefühlvoll.

Die meisten Menschen denken, dass Emotionen und Gefühle ein- und dasselbe seien.

Ich verstehe unter Gefühlen die reinen, ureigenen Empfindungen. Sie sind wertfrei, kristallklar und im Fluss des Lebens. Angst ist ein ebenso natürliches Gefühl wie Geborgenheit.

In dem Moment, in dem unser Verstand Informationen zusammmen knüpft, die er bereits in Schubladen vorsortiert hat, kann daraus eine Emotion entstehen. Mit ein bisschen Angst können wir umgehen. Ein kleiner Nervenkitzel gehört doch schließlich zum Leben dazu. Ein paar Momente Wärme und Ruhe auf der Couch mit einer Kuscheldecke sind das, was wir unter Geborgenheit im Alltag verstehen.

Wird es aber zu viel des Guten, reagieren wir *emotional*. Die Angst endet in einem *emotionalen* Panikanfall oder einem Rückzug und wir erstarren (innerlich) und bringen kein Wort mehr heraus (der Ausdruck der Emotion wäre hier die Erstarrung). Oder wir fühlen uns im Urlaub am Strand in der Sonne extrem wohl, dann spiegelt unser Gesicht diese Emotion in einem zufriedenen Schmunzeln wieder.

Viele Dinge auf dieser Erde sind polar. Da haben wir nun die Wahl: Kontrolle oder Freiheit. Glaubenssätze oder Beweglichkeit. Kommunikation oder Telepathie ...

Solange ein Mensch bewusst oder unbewusst kontrolliert, ist sein Spielraum sehr eng gesteckt. Egal, wie perfekt die Kontrolle ausgeübt wird. Das kostet den Mentalkörper enorm viel Kraft. Einseitigkeit entsteht. Ein inneres Vakuum bildet sich, welches oft mit Suchtgefahr verbunden ist.

Trotzdem brauchen wir für viele Dinge unsere Kontrolle. Nennen wir die hierzu benötigten Fertigkeiten: Aufmerksamkeit, Wachsamkeit, Achtsamkeit, Klarheit und Konzentration. Kontrolle ist vonnöten im Alltag, zum Beispiel beim Autofahren, im Job, bei einer wichtigen Begegnung ... und manchmal wohl auch bei Mausezahn.

Freiheit ist eine feine Sache. Wird sie allerdings nicht bewusst gehandhabt – aus dem Gefühl heraus mit klaren Entscheidungen für Sinn und Ziele im Leben – wird sie zur Emotion. Dabei denke ich sofort an das berühmt-berüchtigte Bild bzw. Leben von Las Vegas.

Zusammengefasst ergänzen sich diese Gegensätze, und die gute Mitte machts wohl. Denn Kontrolle ist nur dann kontrollierbar, wenn sie aus Freiheit entspringt. Und Freiheit sollte ihre festgesteckten Grenzen haben. Einen Rahmen. Ansonsten wäre die Masse an Möglichkeiten total überfordernd. Man hätte viel zu viel Auswahl. In dem Moment wäre das einzelne Erlebnis unbedeutend und sinnlos ... es sind ja bekanntlich die *kleinen* Dinge, die das Leben lebenswert machen.

Daher ist auch eine der besten Methoden, mit seiner eigenen Depression ins Gespräch zu kommen, einfach *etwas zu tun*. Eine Kleinigkeit. Naheliegend hier wäre ein kleiner Spaziergang mit einem Hund und die genaue Beobachtung seines lebendigen Ausdrucks. Wer hat denn gesagt, dass so etwas Einfaches wie eine Gassirunde mit dem Hund einen Sinn haben *muss*? Das ist reine Interpretation!

Wenn Sie jetzt denken: Ja, aber ein Spaziergang mit dem Hund ist doch sinnvoll, dann sind Sie entweder nicht depressiv (überreizt), wie inzwischen über ein Drittel der Bevölkerung, oder ...

Sie haben sich gerade selbst aus dem Rennen geworfen ...

Im letzten Kapitel habe ich eine elementare Grundlage der Kommunikation angesprochen – speziell auf Tiere bezogen. Die Basis: Beobachtung. Diese Basis verschafft eine Menge innerer Freiheit – und durch jede weitere Achtsamkeitsübung entsteht mehr Flexibilität und Handlungsspielraum.

Das Gehirn kommt plötzlich auf die revolutionäre Idee, einzelne Sinneswahrnehmungen verschiedener Ebenen bewusst miteinander zu verknüpfen. So wie der kleine Spatz von vorhin. Die Reaktionen werden schneller, die Kreativität wird stark gefördert. Ich verwende auch gerne das Wort „wendig".

Mit zunehmender Erfahrung dieser neuen Verbindungen durch Beobachtung und Einfühlung in andere Lebewesen – wobei man sich am Ende gleichzeitig selbst beobachtet und fühlt – bekommen wir mehr Bewegungsfreiheit. Der Radius wird erweitert. Sowohl nach außen – ins nächste Umfeld – als auch ins Innere. Diese Prozesse passieren im

Äußeren und Inneren auch immer zeitgleich. Sie sind untrennbar.

Das Spektrum an möglichen Reaktionen wird merklich größer. So können Gefühle besser klar kommuniziert werden, anstatt als gewaltige Emotion unkontrolliert hervorzubrechen.

Diese Wendigkeit und Flexibilität bringt Viele am Anfang ihrer persönlichen Weiterentwicklung an ihre äußersten Grenzen. Aber woraus bestehen diese Grenzen denn? Jeder Mensch ist begrenzt. Oder genauer gesagt: Er *be-grenzt* sich selbst. Wenn ich mit Menschen über Inklusion in Bezug auf Sinneswahrnehmung rede, dann fällt mir regelmäßig auf, dass meine Gesprächspartner oft gar nicht wissen, was ich meine. Ich erläutere meine Gedanken gerne scherzhaft: *... dass wir doch alle ein bisschen behindert seien.*

Bisher hat mir diesbezüglich noch niemand widersprochen. Die meisten kommunizierten mir sogar, dass sie ausgesprochen unglücklich über ihre eigene Unfähigkeit seien. Sie fühlen sich in sich selbst gefangen.

Wir müssen uns ausnahmslos alle erst einmal ins Leben inkludieren. Integrieren.

Und man ist nie fertig damit. Aber das denke ich mir fast immer lieber nur, ich will ja niemanden entmutigen.

Die Grenzen aufheben. Die Grenzen von dem, was wir glauben *wollen*. In diesem Punkt bin ich ziemlich konsequent. Entweder man möchte wendig und freier werden oder nicht. Entweder will man gesund sein oder nicht. Unsere Entscheidungen – egal welche – basieren stets auf einem Glaubenssatz. Selbst der Glaube an Freiheit ist ein Glaube.

Das *Glauben wollen* ist die persönliche Entscheidung eines jeden Einzelnen. Ich habe auch schon Menschen getroffen, die sich bewusst für ein „glücklich-naives" Leben entschieden haben. Ich wäre im Traum nicht auf den Gedanken gekommen, ihnen diese Entscheidung auszureden.

Sie waren glücklich. Durch Beobachtung habe ich das gefühlt. Ihre Aussagen standen keineswegs im Widerspruch – vielmehr waren für sie die Dinge einfach. Und ein ganz klitze kleines Bisschen habe ich diese Menschen beneidet. Ich selbst war damals viel zu unentspannt, um die Dinge einfach nur genießen zu können.

Vor vielen Jahren sagte einmal ein Freund zu mir: „Du bräuchtest ein bisschen von meinem Ego. Alles wäre zuviel", ja, er wusste, wovon er redete, „aber die Hälfte von meinem Ego täte dir echt gut."

Ich überlegte: „Wenn du zu viel Ego hast und ich zu wenig Ego habe, krieg ich dann deine Hälfte?"

Er grinste breit: „Nein."

Das nenne ich konsequent.

Genau so verhält es sich mit der Gesundheit. Ich glaube nicht, dass ein Mensch ein bisschen Depressionen haben kann. Er hat sich ja sein Bein auch nicht nur ein bisschen gebrochen. Oder ein wenig Krebs. Oder ein kleines Helfersyndrom.

Das ist die Eigenschaft, die am meisten Mut braucht. Ehrlich sein. Einfach sagen, wie es ist. Allein dadurch verändert sich der Gefühlsbezug zu uns selbst und die eigene Wahrnehmung. Zeitgleich mit dieser neuen Haltung differenziert sich auch der emotionale Ausdruck nach Außen, der Umgang, die Beweglichkeit in diesem Thema und die Reflexion des Umfelds. Unser Umfeld wird reagieren, in welcher Weise auch immer.

Vielleicht *glauben* wir erst einmal, dass diese doofe Sache, dieses unerwünschte Hindernis oder die alten Verhaltensmuster usw. eine echte Bürde sind. Sie erscheinen uns Menschen in regelmäßigen Abständen viel schlimmer, als sie es in Wirklichkeit sind. Die Geschichte mit der Mücke und dem Elefanten. Umso mehr man etwas Ungeliebtes verdrängt, desto größer wird es. Irgendwann muss man ganz schön viel Aufwand betreiben, um diese unerwünschte Tatsache in den hintersten Winkel des Gehirns zu verbannen.

Was natürlich nie funktionieren wird. Das ist, wie wenn ich sage: „Denken Sie *nicht* an einen rosa Elefanten."

An wen denken Sie?

An Mausezahn? Hm, dann ist wohl was schief gelaufen bei dem Experiment ...

Kapitel 8 - Information

„Zufällig" bin ich mit meinem nächsten Punkt genau in Kapitel 8 angelangt. Ich hatte das wirklich nicht geplant. Inzwischen kennen Sie mich ein bisschen und wissen, dass mir Planung nicht so liegt.

Wie ich gerade auf die Kapitelzahl komme?

Na, weil die Zahl 8 eine unendliche Lemniskate *(aus griechisch: Schleife)* darstellt. Man findet in ihr keinen Anfang und kein Ende. Keine Spitze, Ecke oder Kante. Nur einen Schnittpunkt. Und die Wege sind gleich lang, vom Schnittpunkt – bis zum nächsten Schnittpunkt. Immer. Ohne Ausnahme.

Vorhin erwähnte ich, dass die Telepathie in gewisser Weise im Gegensatz zur Kommunikation steht. Für uns Menschen bedeutet kommunizieren: Reden, Austausch, Unterhaltung ...

Telepathie ist auch ein Austausch. In beiden Fällen beinhaltet die Sache einen informativen Charakter. Der große Unterschied besteht darin, dass wir oft kommunizieren, um etwas mitzuteilen. Wir verfolgen bewusst oder unterbewusst stets ein bestimmtes Ziel. Es soll sich etwas verändern. Oder unser Gegenüber soll uns verstehen. Vielleicht wollen wir auch nur einen gemütlichen Austausch bei einer Tasse Tee.

Die Entscheidung zu kommunizieren, wie und was auch immer, ist die Grundlage. Und oft geht es bei unserer Art von Kommunikation recht *emotional* zu. Mit Händen und Füßen. Oder etwas subtiler, jedoch immer *wertend*.

Fragt man eine Suchmaschine was „Telepathie" bedeutet, kommt die Kurzantwort: *Wahrnehmung von Gedanken, Gefühlen o. Ä. einer anderen Person ohne Vermittlung der Sinne.*

Das mit der *Wahrnehmung* nehme ich. Die Person ersetze ich mal durch *Lebewesen*. *Ohne Sinneseinfluss.*

Ja, das ist Telepathie.

Und wie geht das jetzt?

Es geht gar nicht. Es – die Sache – kann weder gehen, noch können wir etwas mit, für oder gegen sie anstellen.

Es ist naheliegend, dass unser freier Wille dann auch rausfällt. Weil der *will* ja meistens etwas ...

Telepathie ist.

So einfach ist das. Sie ist einfach da. Und, ganz wichtig: Sie ist immer und ausschließlich im *Jetzt* anzutreffen. Auf der 0-Linie der x-y Achse sozusagen – im Schnittpunkt der Lemniskaten der 8.

Telepathie ist allgegenwärtig. Sie ist zur Verfügung stehende Information. Jedes Gefühl, jeder Gedanke, jedes Wort, jede Reflexion oder Reaktion – die gespeicherte Information ist stets im *Jetzt* zu finden.

Man kennt das auch beim Programmieren. In der Programmiersprache spricht man von Nullen und Einsen. Das ist die Grundlage im materiellen Informationsnetz.

In der Telepathie brauchen wir nur die Null.

Übrigens: Das *Jetzt* von eben ist schon längst wieder vergangen ...

Einmal wurde ein Dozent von einem intellektuell veranlagten jungen Mann gefragt: „Wann ist die Zukunft?" Der Dozent hat aus seinem Gefühl heraus ganz logisch reagiert: „In der Vergangenheit."

Denken Sie an die 8. Der Schnittpunkt ist *jetzt*. Und umso weiter ein Ereignis in der Vergangenheit zurückliegt, umso weiter liegt es zeitgleich in der Zukunft. Da bekommt der Satz „man trifft sich immer zweimal" eine ganz neue Bedeutung.

Dieses Schema (Vergangenheit = Zukunft) können wir auf jeden Menschen selbst anwenden. Die 8 ist dieses Mal mit einer *Be-grenzung* versehen: Dem Schnittpunkt. Die eine Kurve der Lemniskate führt nach außen, in unser nächstes Umfeld. Die andere Kurve nach innen. Physisch wäre die Haut die Grenze zwischen der Innen- und Außenwelt. Energetisch der Rand des Wärmefeldes um uns herum. Dieses Feld strahlt jedes Lebewesen aus. Es kann durch energetische Impulse bewusst verstärkt werden. Daher spricht man bei Menschen, die mit viel Präsenz in einer Situation bewusst auftreten, von Ausstrahlung.

Denn wie außen, so innen. Wie innen, so außen. Daher ergibt es so viel Sinn, zu beobachten und achtsam bzw. wachsam zu sein. Die Innenwelt wird dadurch lebendig und bewegt und strahlt sichtbar nach außen.

Lebewesen spiegeln ihre Innenwelt nach außen. Sie können gar nicht anders. Alle Lebewesen können nur auf ihnen Bekanntes zugreifen. Von Nichts kommt Nichts.

Die Basis ihres Handelns besteht aus ihrer Innenwelt. Wir haben einfach nur verlernt, auf diese Details zu achten.

Kennen Sie diesen berühmten Satz?

Das Universum in dir.

Umkehrung: Wir alle sind im Universum automatisch integriert. Wir müssen uns nur daran erinnern ... und uns ins Leben inkludieren.

Bewusstseinserweiterung 0.0.

Gut aufgepasst, da käme 3.0. Aber machen wir es uns doch einfach: Leben wir auf der 0-Linie. Schau mal einer an: Die *8* trägt zwei *0*-en in sich.

Die Informationen aller Lebewesen bilden ein unendliches Netz. Die Impulse dieses schwingenden Netzes nennt man Energie. Treffen Informationen direkt aufeinander, entsteht auf dem Schnittpunkt der Flow. Der Fluss des Lebens. Ins Deutsche übersetzen könnte man den Flow mit Dynamik. Diese Abläufe bilden für mich das Perpetuum mobile.

Informative Energie (Energienetz) trifft auf lebendige, bewegte Energie (Lebewesen). Dadurch entsteht Power. Das Ergebnis ist Spirit. Die Kraft, die Berge versetzen könnte, weil sie die Materie in dem Grad überwinden kann, in welchem das Lebewesen über bewusste und mentale Kräfte verfügen kann.

Der Flow ist grundsätzlich einzigartig. Es gibt keine einzige Situation, die doppelt entsteht oder sich exakt gleich wiederholt. Ähnlichkeiten kommen vor. Wie bei einem Musiker zum Beispiel. Durch konsequentes Üben überwindet er irgendwann die Technik und dringt zum Flow durch. Er hat seinen Perfektionismus, seine Ängste und Zweifel sowie seine unablässig kreisenden Gedanken losgelassen und bekommt im wahrsten Sinne des Wortes Spielraum. Der *fühlende* Künstler wird wendiger, beweglicher und innerlich freier, sprich: Emotional frei von der Be-wertung, ob die Technik von ihm „richtig" oder „falsch" angewendet wurde.

Bei dem entsprechenden Künstler wird dieser Flow häufig Parallelen zu einem anderen Mal, als er auf der Bühne stand, aufweisen. Die Grundvoraussetzungen, wie eine ganz persönliche Art und Weise, Musik zu interpretieren, und der individuelle Klang seines Instrumentes/seiner Stimme sind schließlich gegeben.

Nicht viel anders verhält es sich mit sämtlichen Themenfeldern des täglichen Lebens. Ich habe auch schon einige andere Bereiche beobachtet. Zum Beispiel den Leistungs- und E-Sport (elektronischen Sport). Ab einem bestimmten Level sind so gut wie alle Sportler auf dem gleichen *technischen* Stand.

Es gibt immer diese eine Ausnahme, dieses Supertalent. Dieser Sportler ist in der Lage, durch seine innere Flexibilität - in Kombination mit seiner Sportart - auf mehrere Schnittpunkte des Flows zeitgleich zuzugreifen. Oder – ein wenig bildlicher – eine Weile auf den Wellen der Lemniskaten mitzusurfen. Seiner Seele sind mehrere Aspekte dieser Sportart schon bekannt. So kann er diese Informationen beim Training bewusster verknüpfen.

Ein typisches Phänomen dieser Menschen ist, dass sie wissen, *wie* sie die Technik der Sportart kreativ umsetzen und auf die Bandbreite an fachspezifischen *Informationen* zugreifen können. Diese Genies sind Wettkampftypen.

Wenn es darauf ankommt, dann surfen diese Menschen auf der Welle des Flows. Es dauert danach allerdings häufig keine Stunde, bis die Ernüchterung folgt. Sie sind in einer Sache so genial, dass alles andere schmerzlich banal wirkt und sie sich im direkten Vergleich mit ihrer vorherigen Leistung absolut unfähig fühlen. Nicht selten hat man das sogar über Olympiasieger später nachlesen oder in Interviews oder Biographien erfahren können.

Informationen treffen immer und überall aufeinander. Sie bilden dabei unendlich viele Schnittpunkte aus grenzenlosen Wellen von Lemniskaten. In allen Facetten. Wir können uns nicht einmal einen winzigen Bruchteil davon vorstellen. Am ehesten gelingt es uns durch das Beobachten des Meeres. Die Wellen sind unaufhörlich in Bewegung. Durch die Polarität der Erde entsteht das berühmte Spannungsfeld. Es muss in regelmäßigen Abständen ausgeglichen werden. Zum Beispiel durch Ebbe und Flut.

Daher ist es so wichtig, dass wir beobachten. Lernen. Unsere Sinne schärfen. Denn wir können nur das Bekannte einordnen; bei diesen unendlichen Kombinationsmöglichkeiten an Informationen also nur einen minimalen Anteil.

Um telepathisch Informationen (Informationen des Energienetzes) wahrnehmen und erfühlen zu können, sollten wir also möglichst gefühlvoll, wachsam, flexibel und wendig sein. Unsere besten Vorbilder sind unsere Tiergefährten.

Tiere können auch emotional reagieren, wenn sie sich mit ihrem Instinkt oder Verstand erinnern. Die Erinnerung an den kleinen Kläffer von nebenan, das Machtverhältnis zur Leitstute oder den Dosenöffner, der meistens zu spät eine Dose Katzenfutter in den Napf kippt, lässt sie emotional reagieren.

Grundsätzlich leben Tiere jedoch aus dem Gefühl heraus. Daher haben sie viel mehr Zugriff auf das Energienetz oder das Energiefeld.

Auch das wird oft verwechselt. Das Netz bildet sich aus klaren Linien schwingender Informationen und das Feld ist der Raum zwischen den Netzlinien bzw. Netzwellen (Lemniskaten). Die entsprechenden Farben, Klänge, Temperaturen etc. werden durch das Zusammentreffen der Informationen auf den Schnittpunkten der Linien in deren Zwischenräumen - den Energiefeldern - automatisch gespiegelt. Der energetische Ausdruck von Informationen.

Gut sichtbar in der Natur ist dieses Spannungsfeld am Horizont, wenn sich eine Gewitterfront aufbaut und in einer klaren Linie von dem blauen Himmel davor abgetrennt sichtbar wird.

Das Zusammentreffen von zwei Menschen (Schnittpunkten) bildet ebenfalls ein Energiefeld – das Feld in Form des tatsächlichen physischen Abstands zwischen den beiden Informationsträgern. Auch hier entstehen gelegentlich Spannungsfelder.

Die Telepathie (energetische Information) *schwingt* auf der 0-Linie und ist daher *immer pünktlich.* Genau wie Mausezahn im Türrahmen, wenn er nichts Wichtigeres wie zum Beispiel Schlafen zu tun hat. Oder die Information der Raben, die binnen einer Minute nach der Entscheidung der Bekannten den Besuch angekündigt hatten. Sie haben einfach auf dem Schnittpunkt des Informationsnetzes Entscheidungen und das Aufeinandertreffen von

Lebewesen zu einer bestimmten Zeit an einem von den Menschen ausgewählten Ort abgelesen.

Das Ergebnis liegt klar auf der Hand:

Die Information steht grundsätzlich *im Jetzt* zur Verfügung. Wenn wir nicht in den Flow finden, bleibt demnach nur die Option, dass *wir* selbst zu spät dran waren.

Ein einziger Gedanke reicht aus, und wir haben das Gefühl verpasst. Sobald wir das Gefühl mit einer Wertung (Emotion) verknüpfen, sind wir schon zu spät ...

Daher lässt sich der Flow, egal wie viel die Wissenschaft forscht, auch nie exakt nachmessen. Zwischen telepathischer Information (Energienetz) und Anzeigemoment/Auswertung des Messgeräts besteht immer eine winzige Verzögerung, weil die Messgeräte aus verdichteter Materie gebaut sind und daher zu träge schwingen. In diesem kleinen Zeitraum werden die sich stets bewegenden Informationen minimal verändert; etwa durch die Tatsache, dass sie in messbare Werte transformiert werden, sodass das Ergebnis mehr oder weniger verfälscht wäre.

Regelmäßig habe ich in gewissen Kreisen Menschen angetroffen, die im wahrsten Sinne des Wortes mit allen Mitteln in den Flow *geraten (ihn kontrollieren) wollten (haben/besitzen/beherrschen)*.

So äußerten Geistheiler zum Beispiel, dass sie Engel channeln würden. Auf die Frage, woher diese ganze Energie käme, sagten sie allen Ernstes: „Na, aus dem Weltall natürlich!"

Wir erinnern uns: *Das Universum in dir.*

Weshalb so weit im Weltall draußen suchen, wenn wir das Universum in uns selbst entdecken können?

Ich persönlich vertrete die Meinung, dass jedes Lebewesen *alle* für sich selbst essenziellen Informationen erfühlen kann und niemand auf Channeling (Übermittlung von Botschaften tatsächlicher oder erfundener Lebewesen im Dies- oder Jenseits) angewiesen ist. Weil wir ja fühlen können. Und alle Lebewesen uneingeschränkten Zugriff auf das Informationsnetz haben können. Wir be-grenzen uns (auch zum Schutz) selbst.

Ich bin da ganz ehrlich – ich will gar nicht alles wissen, was ich wissen könnte. Viele Menschen haben bereits nach meinen Beweggründen gefragt:

Wenn ich darauf zugreifen könne, wieso nutze ich es nicht vermehrt?

Aber ... für was bräuchte ich diese Infos denn? Es würde mich lediglich maßlos überfordern und ich würde schnell den Sinn für das Wesentliche verlieren. Viel zu viel Energie würde verpuffen. Und die Sache würde ja nicht besser werden, weil ich dann nicht mehr genug Kapazitäten hätte, um mich bewusst meiner Aufgabe zu widmen ...

Diese Einstellung ist für mich selbstverständlich. Allerdings haben mich schon so Viele auf dieses Thema angesprochen, dass ich diese Frage gern vorwegnehmen wollte. Ich gehe sogar noch weiter: Wie können bestimmte Menschen behaupten, Zugriff auf ein Energienetz zu haben, das anderen Mitmenschen aus irgendwelchen nichtigen *Gründen (Interpretationen)* verwehrt sei?

Ich kann nur jeden ermutigen: Rennen Sie los und suchen Sie Ihr Gefühl! Irgendwo tief in Ihrem Wesenskern werden Sie es hundertprozentig finden!

Übrigens meistens nicht dann, wenn Sie *denken*: „Jetzt hab ich's!" Sie merken daran, dass sie im Flow sind, dass sie gar nichts mehr *haben, denken* oder *wollen*. Allerdings *denken* Sie ja dann auch nicht, dass Sie genau jetzt gerade im Flow sind. Sobald Sie das *Im-Flow-gewesen-Sein* mit Ihrem Verstand begreifen, sind Sie gerade wieder auf die Erde zurückgeplumpst.

Im Flow sind Sie einfach da. Sie beobachten. Und dann ist alles klar. Sollte es nicht klar sein oder in Ihnen eine Frage dazu auftauchen, dann haben Sie mit dem Verstand interpretiert. Ein Übel unseres Zeitgeistes. Solange Sie zu viel von sich erwarten, wird es leider nix.

Eine Klientin fragte mich einmal: „Ja, aber wie geht das denn mit der TK (gängige Abkürzung für Tierkommunikation)? Ich höre im Gespräch mit dem Fridolin nix und nehme auch sonst nichts wahr. Wo ist denn die Intuition bei mir zu finden?"

Ich fragte, was sie unter Intuition verstehe.

„Na, dass ich innerlich höre, was mein Tier mir sagt oder irgendwelche sonstigen übersinnlichen Fähigkeiten habe."

Zur Wiederholung: Nur ein kleiner Teil des gesprochenen *Inhaltes* kommt tatsächlich in einer Kommunikation an. Der Rest besteht aus Körpersprache im Allgemeinen, Haltung, Mimik,

Gestik, Klangfarbe der Stimme, Stimmvibrationen usw. Und da machte sie sich Sorgen, weil sie nichts *hören* konnte?

Allein durch die Beobachtung – eine unserer elementarsten Fähigkeiten - ihres Tieres hätte sie es bereits zur Hälfte verstanden. Sie hätte sich nicht mehr *unfähig* gefühlt. Der Tonfall eines aufgeweckten „Wuff!" oder eines unzufriedenen „Miahaauuuu!!!" erzählt das Übrige der zum Ausdruck gebrachten, für uns wissenswerten Information. Denn Sprache drückt sich in vielen Kommunikationsformen aus ...

Kapitel 9 - Ausdruck

Ich möchte der Kommunikation auf allen Ebenen noch etwas Raum geben. Wir stecken ihre Grenzen häufig viel zu eng ab.

In der Kunst erzählt man sich, dass Dialekte das Gemüt eines Menschen prägen würden. Das kann ich bestätigen. Bis heute verfalle ich, wenn mich etwas so richtig ärgert, ins Bayerische – und das nicht zu knapp. Meine Freunde wissen dann bereits: „Oha, jetz hot's zwölfe g'schlogn." (Jetzt hat es zwölf Uhr geschlagen).

Wenn schon Dialekte das Gemüt so sehr prägen, dann gilt dies Fremdsprachen im klassischen Sinne erst recht. Und in jeder Sprache gibt es wiederum zahlreiche Dialekte. Mancherorts unterscheiden sie sich kaum. In anderen Regionen differenziert sich der Dialekt sogar von Dorf zu Dorf, ebenso die dazugehörigen Gewohnheiten, Glaubenssätze und die Haltung zum Leben.

Auch in diesem Bereich gibt es sehr viel zu entdecken. Ein Hund, der eine professionelle Ausbildung genossen hat, wird auf den Tonfall der Worte eins zu eins reagieren. Egal, ob in englischer oder deutscher Sprache. Auch, wenn er den Sinn bzw. Inhalt des Wortes nicht direkt übersetzen könnte.

Ich wage mich sogar noch ein Stück weiter vor, einfach nur, um die Sache von allen Seiten zu beleuchten. Es gibt – ich meine es wären über 423 – Schriften, in diversen Sprachen verfasst, in denen alles geschrieben steht, was der Gott oder die Götter der Völker zu sagen hatten.

Verschiedene Kulturen prägen die Menschen. Ein Nomade in der Wüste wird vermutlich keinen Schneegott verehren, und ein naturverbundener Ureinwohner von heute wird dem Gott der Neuen Medien nicht zwangsweise nacheifern. So weit, so gut.

Jetzt komme ich daher und behaupte, dass es so viele Sprachen wie Menschen gibt. Es wird sich niemand exakt gleich ausdrücken. Weil jeder anders fühlt. Selbst das Gefühl des Flows ist individuell. Jeder Mensch erlebt seinen eigenen Flow. Der Schnittpunkt der Informationen – der

Treffpunkt - mag für mehrere Menschen derselbe sein, aber die Menschen an sich sind ja wiederum einzigartig.

Provokant habe ich in solche philosophischen Runden schon geworfen, dass es so viele Götter wie Menschen gibt.

Sie werden keine zwei Menschen finden, die an exakt das Gleiche glauben. Das ist dieser Theorie zufolge mathematisch unmöglich. Oder mit anderen Worten: Es gibt also nur einen Gott und so viele Sprachen wie es Menschen gibt, um sich über den Schöpfer des Universums auszutauschen. Aber stimmt, da war ja was: Wie außen (Ausdruck), so innen (Gefühl).

Wieso können Lebewesen ihre Gedanken, Wünsche, Glaubenssätze, Träume, Wahrheiten und Ansichten sowie Interpretationen über den Schöpfer des Universums überhaupt so vielfältig zum Ausdruck bringen? Was kommt den Menschen am Universum so bekannt vor?

Das Universum in dir.

In der Kommunikation gibt es ein paar Grundregeln. Je nachdem wie ein Mensch fühlt, wird er eher leise oder laut reden. Sein Ausdruck kann kraftvoll oder kontrolliert sein. Für mich ist die Frage hier nicht, *was* oder *wie* er es sagt. Natürlich kommt es im Zweifelsfall tendenziell eher auf das *wie* an.

Auch hier zählt: Der Schnittpunkt dessen, was er sagt *und* wie er es sagt, entscheidet darüber, ob eine Aussage oder eine Verhaltensweise authentisch ist. Beides zusammen - was und wie – entwickelt Dynamik. Dynamik kann durch die auf der Erde vorherrschende Polarität in zwei Richtungen ausschlagen: Harmonie oder Disharmonie. Gesundheit (harmonischer Fluss) oder Krankheit (Disharmonie), Lachen oder Weinen ...

Das Ganze könnte ich jetzt auch beliebig mischen: Vor Freude Tränen lachen, vor Glück weinen ...

Ein kommunikatives Abenteuer blieb mir besonders im Gedächtnis:

Dereinst kam es, dass ich auf dem Hof meiner Eltern mit einer Betriebshelferin für vier Tage zusammenarbeitete. Maria kam zweimal täglich, um die Kühe zu melken. Während sie fleißig ihrer Arbeit nachging, versorgte ich den Nachwuchs mit Milch und Futter.

Und weil die typisch-bayerische Bäuerin – und bei uns Betriebshelferin - so viel Pfeffer im Hintern hatte und man morgens um kurz nach sechs bei dem Knall der Tür zum Umkleideraum im Erdgeschoss auch ganz ohne Wecker senkrecht im Bett stand, hieß es in gewohnt schelmischer Weise nur, als mein Vater in seinen Urlaub fuhr: „Der Elefant wird melken."

Sobald Maria mit dem ersten Melkzeug um die Ecke gesprintet kam, fing sie an, mit den Kühen zu kommunizieren: „Auf die Seite, meine Damen!" Sie stupste die Kuh am Hinterteil an, damit sie in die Reihe zwischen die beiden Vierbeiner gehen konnte, um sie zu melken. Als diese nicht direkt *bei Fuß* reagierte, wiederholte die Melkerin selbstbewusst: „Auf die Seite!" Kaum hatte sie die eine Kuh fertig gemolken, marschierte sie hochmotiviert zur nächsten Kuh. „Auf die Seite, meine Dame!"

Innerlich breit grinsend ließ ich für einen Moment den großen Milchkübel mit der Wärmespirale unbeaufsichtigt – wohl wissend, dass gleich darauf die Stallkatze genüsslich schlemmend über dem randvollen 12-Liter-Eimer hängen würde. Was für ein Paradies – so viel frische, warme Milch für eine kleine Mutterkatze.

Ich passte mich dem geschäftigen Schritt der Melkerin an: „Kommst du klar? Kann ich noch was helfen?"

Die Betriebshelferin hielt in der linken Hand das mehrere Kilo schwere Melkzeug, schob mit der rechten einen weiteren pelzigen Hintern zur Seite und tätschelte die Kuh mütterlich: „Ja, wir kommen super aus, gell."

Ich ärgerte mich jedes Mal, wenn ich für kurze Zeit aus dem Stall musste, weil ich dieses Spektakel keine Sekunde lang verpassen wollte. Die Maria konnte gut melken und verrichtete ihre Arbeit durchaus zügig und korrekt.

Und doch war es ein solch heiteres Vergnügen, als wäre ich in einem guten Kinofilm. „Auf die Seite ... Ja, was is denn? Geh da rüber zu der Dina!"

Jetzt wurde es spannend. Die älteste Kuh im Stall war nicht nur ebenso schwer wie stur, sie war auch extrem phlegmatisch und pelzig. Fleckvieh eben. Kaum war die Melkerin einen kleinen Schritt gewichen, schwankte die Kuh mit einen behäbigen Schritt zurück in die ursprüngliche Position.

Die Melkerin hielt mit Schwung gegen 750 Kilo Sturheit: „Du sollst doch auf die Seite gehen!"

Zwei Büffel – im Wettstreit um einen kleinen Flecken Erde.

Nach den vier Tagen Urlaubsvertretung wusste ich nicht, ob ich mich vor Lachen biegen oder über die Unruhe im Stall weinen sollte.

Weitere zwei Tage später wollte mein Vater wissen, was um Himmels Willen denn bloß in die Kühe gefahren sei?! Sie würden wie Zirkuspferde auf den Plätzen tänzeln und ihren Hintern immer ruckartig zwei Meter weit von ihm wegbewegen, wenn er nur in ihre Nähe kam.

Mit funkelnden Augen erklärte ich lakonisch: „Deine Damen haben gelernt, *auf die Seite* zu gehen!"

Kapitel 10 - Verständlichkeit

Der Vollständigkeit halber möchte ich eine der gängigen Grundlagen in der Tierkommunikation erläutern. Sie gilt im Grunde für alle Lebewesen.

Es gibt diese eine Person, bei der spüren Sie irgendwie immer, wenn diese an Sie denkt und vielleicht sogar umgekehrt. Kennen Sie das?

Da haben Sie auf der Gefühlsebene durch das Energiefeld einen gemeinsamen Schnittpunkt gefunden. Einen Nenner (z.B. eine innere Haltung oder ein gemeinsames Thema), der im Informationsnetz gespeichert ist. Durch das gemeinsame unterbewusste Zugreifen entsteht Dynamik. Postwendend kommt der Spirit angesaust und kommuniziert Ihrem System: „Huhu, ich bin auch schon da! Ich habe eine Information mitgebracht!"

Aber sind wir mal ehrlich: Bei den meisten Leuten haben wir keinen blassen Schimmer, was um alles in der Welt sie eigentlich von uns wollen. Es fühlt sich an, als seien sie auf einen anderen Sender eingestellt. Oder man redet konsequent aneinander vorbei.

Es gibt – ganz der Polarität entsprechend – zwei Archetypen: Den Sender und den Empfänger. Beide sind gleichermaßen wertvoll.

Seltsamerweise wünschen sich viele Menschen in der Heiler-, Telepathie- und Esoterikszene, Empfänger zu sein. Sie bilden sich ein, dass sie ja etwas Gesendetes von anderen Lebewesen oder Geistwesen empfangen müssten, um es ihrerseits wiederum an andere weiterzusenden. Soll heißen sie versuchen, *beide* Rollen (senden und empfangen) gleichermaßen zu bewerkstelligen. Ein wirklich selbstbehindernder Glaubenssatz, wie ich finde.

Im Gegensatz dazu sind die Sender meist an *keiner* der beiden Rollen interessiert. Es sind diese Menschen, die eher ruhig beobachten und sich häufig ihren Teil denken.

In einer Ehe ist es eher hinderlich, wenn zwei Empfänger zusammen sind – sie reden permanent aneinander vorbei. Zwei Sender finden sich nur äußerst selten, sie haben sich im Grunde nichts zu sagen. Es würde keine Dynamik - und persönliche Entwicklung – entstehen.

Und nun die grandiose Ironie an der Sache: Lernt ein Empfänger passiv zu beobachten und ein Sender, aktiv zu kommunizieren, entwickeln sich beide fantastisch weiter.

Ein vielverbreitetes Missverständnis besteht darin, dass die Empfänger ständig das Empfangene weitersenden möchten und die Sender behaupten, sie hätten – aus welchen Gründen auch immer - nichts zu senden.

Hat jemand einmal keine Ahnung, was seine Aufgabe (die Schwäche zur Stärke transformieren) im Leben sein könnte, hilft ein Blick auf den Partner. Bei sich selbst liegt man oft daneben.

Ich spreche aus erster Hand und bin mit Sicherheit nicht alleine unter den Frauen, wenn ich sage, dass mein Mann oft dasitzt, glücklich ist – und schweigt.
　　　Ein deutscher Komiker hat einen Dialog in seinem Programm eingebaut, wie die alltägliche Kommunikation der meisten Paare funktioniert. Die

Zusammenfassung ist: Frauen plappern, meckern, wollen ... Und Männer? Schweigen, genießen und sollten ...

Ein System, das nicht funktionieren kann. Es liest sich schon wie der Anfang der perfekten Ehekrise. Vor allem in der heutigen Zeit sind die Rollen nicht mehr klar.

Ursprünglich waren die Aufgaben eindeutig und sinnvoll verteilt: Die Frau war zuhause und hat von außen Informationen durch den Sender empfangen. Interessanterweise spricht man bei Frauen auch von der Empfängnis.

Im besten Fall haben der Sender und der Empfänger diese gesendeten Informationen anschließend gemeinsam verarbeitet, beobachtet, kommuniziert und transformiert. Das Ergebnis wurde dann vom Sender wieder nach außen getragen.

Haben Paare keinen Bezug (mehr) zueinander oder einer der Partner möchte sich weiterentwickeln, während der andere keinen Grund für eine persönliche Entwicklung sieht, sind die Folgen absehbar: Es entstehen Missverständnisse und *Spannungsfelder.* Die Tiere im Laufe der Ehe werden immer größer ... was am Anfang noch Mausi oder Spatzl war, mutiert binnen kürzester Zeit zu einem ausgewachsenen Hausdrachen oder einem bayerischen Rindvieh.

Apropos Tiere ...

Ein Empfänger kann durch Beobachtung seine Tiergefährten besser verstehen lernen. Geht er mit seiner Beobachtung *re*aktiv um, indem er das Verhalten des Tieres spiegelt, sendet er automatisch die Resonanz. Das Tier wird darauf in irgendeiner Art und Weise reagieren. Die neue Information kann ein wachsamer Empfänger wieder exakt spiegeln. Dynamik entsteht und kann mit etwas konsequenter Übung und ein bisschen Geduld für sich selbst in eine heitere Runde Spiele-Flow verwandelt werden.

Ein Sender sollte aktiv mit dem Tier Zeit verbringen, zum Beispiel mit Tierpflege, Füttern und Spielen. Das Tier geht mit der gesendeten Information in Resonanz und so entsteht Kommunikation. Und - oh Wunder – der Sender hat plötzlich das Gefühl, dass seine Sendungen auch tatsächlich ankommen, er verstanden wird und etwas zu senden hat. Wie bei einem Ping-Pong Spiel. Auch hier entsteht eine starke Dynamik.

Während beim Empfänger logischerweise das Tier die Dynamik vorgibt, führt der Sender aktiv die Kommunikation.

Nachdem wir nun erörtert haben, welche Grundtypen es gibt, schauen wir uns doch einmal die Details an. Dafür möchte ich auf die Sinne – alle 12 derer – zurückkommen. Es ist aber auch schon ausreichend herausfordernd, wenn man sich auf die fünf herkömmlichen Sinne fokussiert. Ein halbwegs bewusster und konsequent achtsamer Umgang mit diesen fünf Sinnen bedarf bereits jahrzehntelanger Übung, bis man im Alltag spontan, kreativ, aktiv und natürlich auch reaktiv einigermaßen beweglich und flexibel agieren kann.

Vielleicht wissen Sie bereits, welche Sinne bei Ihnen stärker ausgeprägt oder weniger gefördert sind.
Eine sehr interessante Übung für angehende Tier- und Menschenkommunikatoren lautet wie folgt:
Notieren Sie Ihren klarsten und wachsamsten Sinn. Den erkennen Sie daran, dass er Eindrücke besonders gut *unterscheiden* kann.

Probieren Sie dann aus, zu welchem Sinn Sie am wenigsten Bezug haben und schreiben Sie Ihr Ergebnis auf. Eine physische Einschränkung wie ein Hörgerät oder eine (starke) Brille auf der Nase ist dabei irrelevant.

Auch sehr interessant ist, wenn Sie spontan zu Papier bringen, welcher Sinn auf einer Skala von 1 (niedrig) bis 10 (hoch) am empfindlichsten ist.

Notieren Sie sich auch das Datum, um Ihre Überlegungen später nachvollziehen oder Ihre Einschätzung in einem Jahr wiederholen zu können.

Verknüpfen Sie nun den empfindsamsten, wachsamsten (höchsten) Sinn auf Ihrer Skala mit dem Sinn, der dem verschlafensten (niedrigsten) am nächsten kommt.

Eine häufige Kombination wäre zum Beispiel, dass Sie besonders empfindsam auf *Bilder* reagieren und das *Riechen* bedeutend weniger im Tagesbewusstsein präsent ist. Erinnern Sie sich an den kleinen Spatzen in seinem Nest? Strecken Sie die Nase in die Luft, und schnuppern Sie im Geiste zusammen mit einer Katze oder einem Hund. Und versuchen Sie die folgende Frage zu beantworten: Wenn er eine Spur *riecht* und ihr folgt, welche Pfotenabdrücke könnte er dann *sehen*?

Auch diese Übung ist beliebig anpassbar und ausbaufähig.

Sie können mit einer weiteren kleinen Übung einen Typ-Test machen:

Gleich steht ein Wort in kursiven Buchstaben geschrieben. Lesen Sie dieses Wort und halten Sie den ersten Sinneseindruck fest, der Ihnen in den Sinn kommt.

Es geht los:

Wald

Was kam Ihnen in die Sinne? Haben Sie die Blätter rauschen *gehört*? Oder prächtige Bäume mit ausladenden Zweigen und im Wind schaukelnden Blättern *gesehen*? Oder haben Sie den Geruch der Rinde in der Nase gehabt? Oder den Geschmack der Früchte auf der Zunge oder das Moos unter den Füßen gespürt?

Lassen Sie sich einen Moment Zeit und fühlen Sie sich noch einmal in den Augenblick der ersten Sinneswahrnehmung ein.

Jetzt, wo Sie wissen, wie diese Übung funktioniert, probieren wir es doch direkt noch einmal. Bereit?

Es geht los:
Meer

Haben Sie als Allererstes die Wellen gesehen? Vielleicht einen Sonnenuntergang? Dann sind Sie eventuell ein visueller Typ.

Oder haben Sie das kühle Nass auf Ihrer Haut oder den Sand unter Ihren Zehen gespürt?

Oder konnten Sie im Geiste vielleicht das Rauschen der Wellen, die gegen einen Felsen brechen, hören?

Mit dieser einfachen Übung kann der sogenannte *Lerntyp* bestimmt werden. Es lohnt sich sehr, diesen Typ für sich oder seine Kinder zu recherchieren.

Diese Techniken helfen allesamt, sich besser kennenzulernen. Zu erfühlen, wie das eigene System funktioniert.

Ich habe die Übungen natürlich auch alle mehrfach probiert. Als ich das erste Mal „Meer" gehört habe – da hat bei mir nix gerauscht. Aber mein Gehirn kam plötzlich auf den erstaunlichen Einfall, dass das Meer vor meinem inneren Auge ja *theoretisch* auch rauschen *könnte*.

Kapitel 11 - Zusammenarbeit

Natürlich tauschen sich die Tierkommunikatoren regelmäßig untereinander aus. Einige von ihnen sind hauptberuflich in diesem Bereich tätig.

Mein eigener beruflicher Schwerpunkt lag schon immer eher auf der Kunst und der Bachblütenberatung.

In meinen Seminaren saßen immer wieder Tierbesitzer.

Einmal erklärte eine Frau bei der Vorstellungsrunde zu Beginn des Seminartages, dass sie nur wegen ihres „Problem-Hundes" hier sei und ihn mit Bachblüten „kurieren" wolle. Sie war eine von den Menschen, die sich schwer öffnen können und sich ganz bewusst abgrenzen. Ich habe sie über den ganzen Vormittag hinweg nicht aus ihrer Schutzdeckung hervorlocken können.

In der Mittagspause beobachtete ich die Gespräche. Ich hatte eine vage Idee ...

Vor Seminarende gab es eine weitere praktische Übung. Jeweils zwei Teilnehmer sollten sich zu einem Gespräch zusammen finden. Sie hatten dann den Balkon, einen Spaziergang in der Natur oder einen eigenen Raum zur Verfügung für ein vertrauliches Gespräch unter vier Augen. Es ging um eine Bachblütenberatung mit dem Fokus auf bestimmte Aspekte. Theorie in Praxis umsetzen.

Nach Ablauf der zur Verfügung stehenden Gesprächszeit ging ich bei den Zweiergruppen herum. Ich hörte mir ganz grob an, was sie erörtert hatten und machte hier und da ein paar Anmerkungen zur Verständlichkeit und zur Differenzierung der Blütenessenzen.

Als ich in meiner Runde bei der Frau ankam, die wegen ihres Problem-Hundes in mein Seminar gekommen war, fand ich sie in Tränen aufgelöst vor. Zugleich lächelte sie mich an und sagte: „Mein Hund hat mir geholfen! Ich wäre sonst nicht hierher gekommen und hätte dieses tolle Gespräch mit der Maike gehabt!"

Ich habe nie erfahren, was zwischen den beiden Frauen kommuniziert wurde. Und es war auch gar nicht relevant. Die Hundebesitzerin hat am Ende nur eine Bachblütenmischung für sich selbst ausgesucht.

Über eine gemeinsame Freundin bat mich eine Kollegin einmal, nach ihrer verschwundenen Katze zu suchen. Meine Freundin meinte, sie selbst wäre emotional zu nah dran und könnte der Frau deshalb nicht weiterhelfen.

Diese TK-Kollegin hatte fürchterliche Angst, dass ihre geliebte Katze irgendwo eingesperrt war.

Ich wollte sie zuerst zu einer weiteren Tierkommunikatorin vermitteln, die Tiere leichter orten kann. Meine Fähigkeiten liegen eher in anderen Bereichen.

Eine Zeit lang lauschte ich den Sorgen der bekümmerten Kollegin. Normalerweise stellt sich mit der Zeit eine Verbindung zum Tier her. Aber ich konnte die Katze in keiner Weise erspüren.

Das irritierte mich etwas - die Katze einer Tierkommunikatorin war verstummt.

Irgendwann fragte die Kollegin mich, ob ich denn fühlen könne, ob es ihrer Katze gut gehe?

Ja, das war ein klares *Ja*.

Meine Kollegin wollte mir nicht glauben – das fühlte ich ebenfalls deutlich.

Ein paar Tage später fand sie ihre Katze – sie war von zwei Damen durchgefüttert worden und hatte ein Herrenleben genossen. Jetzt war die Streunerin auch wieder klar und deutlich präsent für mich und ich sah sie förmlich vor mir.

Schulterzuckend erklärte die Katze mir, dass sie eben auch mal Urlaub machen wollte. Das würden die Menschen doch auch so praktizieren: Sie begaben sich an einen anderen Ort, ließen es sich schmecken und faulenzten in der Sonne.

Hier auftauchende Fragen - nichts Spektakuläres, nur ein paar Gedankengänge: Wenn wir im Urlaub sind, um Energie aufzutanken, wo kommt die Energie dort her? Von wem? Zuhause oft vom Partner. Aber woher hat der seine Energie? Aus dem Universum? Oder von Mausezahn?

Als ich noch sehr jung war, lief einmal eine Hofkatze weg.

In meiner kindlichen Traurigkeit konnte ich natürlich überhaupt nicht verstehen, weshalb die Lucy plötzlich verschwunden war. Ich befürchtete zudem, dass sie überfahren worden war. Unsere Tierkommunikatorin erklärte mir mit Engelszungen, dass die Tiere manchmal von den Naturgeistern eine andere Aufgabe zugeordnet bekämen, weil sie woanders dringender gebraucht werden würden.

Zwei Jahre später erzählte mir mein Vater, dass er eine schwarze Wildkatze auf unserer Flur am Waldrand gesehen habe, die genauso aussah wie die Hofkatze Lucy.

Auch familiär gab es häufig Umstrukturierungen. In einem Frühjahr, als die Kühe nach dem Winter wieder regelmäßig auf die Weide durften, bat mein Vater mich um meine Einschätzung.

Wenn die Tiere im Stall ankamen, waren immer zwei Leute da. Für gewöhnlich mein Vater und mein Großvater. Großvater war inzwischen nicht mehr der Jüngste und wurde sehr schnell ungeduldig, wenn eine Kuh dreimal im Kreis spazierte oder den Kopf absichtlich neben dem Gatter platzierte, obwohl sie genau wusste, wie es ging. Dann musste sie zurück getrieben werden und wieder richtig nach vorne gehen.

Mein Vater war am Verzweifeln. Er berichtete mir, dass die Tiere alle machten, was sie wollten, kreuz und quer im Stall herum tanzten und er irgendwie nichts tun konnte.

Ich schlug ihm vor, doch einmal die Plätze bzw. energetischen Rollen zu tauschen. Mein Großvater stand daraufhin ab dem Tag in der Mitte an der Kopfseite der Tiere zum Aufpassen und mein Vater ordnete die Tiere aktiv zu und trieb sie auf den richtigen Platz. Die re-aktive und die aktive Rolle wurden getauscht.

Seit diesem Tag herrschte Ordnung.

Mit der Zeit perfektionierte mein Vater das tägliche Ritual des Kühe-in-den-Stall-Treibens noch. Nach gut einem Jahr brauchte er fast gar keinen Stock mehr, um die Tiere physisch zu führen. Er stand einfach nur da, sah, welche Kuh kam und schickte sie in Gedanken auf ihren Platz.

Diese Show war fast zirkusreif. Aber wehe, man war in den drei Minuten eine Sekunde lang unaufmerksam – dann schob bestimmt wieder eine Kuh ihren Kopf neben dem Gatter in die Reihe.

Unsere Tiergefährten mussten auch mit meinen Experimenten leben. Der eine Kater war total verspielt und der andere tat für Futter alles. Mit Spiel und Spaß zeigte ich ihnen, was „Sitz" und

„Platz" für mich bedeutet. Für Leckerlis wurde schon mal eine Rolle gemacht.

Dann kauften wir eine recht stabile Spielzeugangel. Die beiden liebten die fliegenden Federn am vorderen Seilende. Ich schaffte es, jedem Kater einen Platz zuzuweisen. Einer saß auf dem Regal, der andere auf dem Kratzbaum gegenüber. Die Feder flog zwischen den beiden hin und her. Als sie die Sache mit dem festen Platz einmal akzeptiert hatten, dauerte es keine zehn Minuten, bis sie das Spielziel verstanden hatten:

Wer die Feder zuerst fing, bekam ein Lob und manchmal auch ein Leckerli. Und wenn ich „lass aus" sagte, zog der Kater seine Krallen aus der Feder und sie flog wieder frei herum.

Zuerst war ich mir nicht sicher, ob die beiden Kater das Federspiel auch ohne Leckerli bzw. freiwillig von sich aus mitmachen würden.

Da wurde ich eines Tages eines Besseren belehrt: Als ich die Federangel aus der Spielekiste herauszog, sprangen sie bereits mit großen Sätzen auf ihre Plätze, auf Kratzbaum und Regal.

Zwei Tage später kam ich gerade aus der Küche – da warteten die Kater in aufmerksamer Sitzposition, zum Spiel bereit, auf ihren Plätzen und wollten wissen: „Wo sind Angel und Leckerlis?"

Kapitel 12 - Verantwortung

Auch die Zusammenarbeit mit befreundeten landwirtschaftlichen Betrieben gehörte zu unseren Aufgabenbereichen. Wie viel Kreativität diese Aufgaben manchmal erfordern, möchte ich in diesem Kapitel verbildlichen. Ich erlebte viele solcher Situationen und keine lässt sich mit der anderen vergleichen.

Eines Tages – es war bereits abends und die Tagesarbeit getan, wurde mein Vater gebeten, im Dorf einem Betrieb zu helfen. Er informierte mich - ich könne nach dem Abendessen nachkommen.

Nach reiflicher Überlegung hatte die Familie des Betriebes eine Neuerung im Stall vorgenommen: Ein Melkroboter wurde gekauft.

Dieser Roboter bestand aus einem großen, massiven Stahlkasten. Diese – ich nenne sie jetzt mal „Melkbox" – wurde mitten im Laufstall installiert. Die meisten Kühe nahmen die Melkbox bald an. Sie wollten ihre Milch loswerden, weil die

Euter drückten, und bekamen auch Futter in der Melkbox. Einmal erfolgreich durch die Schleuse der Melkbox gekommen, gingen sie für gewöhnlich selbstständig wieder hinein.

Die Technik dieses Roboters ist bereits relativ gut entwickelt. Ein Laser erkennt anhand der Nummer auf der Ohrenmarke, welche Kuh in die Melkbox kommt. Per Computer wird dieser Kuh eine bestimmte Menge an Kraftfutter zugeteilt, die sie während des Melkens fressen kann.

Die Zitzen der Kuh werden auch automatisch erkannt und die Melkbecher finden ihren Weg zu dem Euter in der Regel auf Anhieb.

Das bedeutete aber auch, dass nicht mehr im alten Melkstand gemolken wurde. Das Anstecken und Abnehmen der Melkzeuge übernahm ja jetzt der Roboter.

Daher mussten ausnahmslos alle Kühe in die Melkbox getrieben werden. Und ein paar Tiere hatten natürlich höllisch Angst vor dem Teil, das – für mich ein Rätsel – teilweise auch noch eine rote Farbe hatte.

Sie hatten erst drei von sieben Kühen mit vereinten Kräften in die Melkbox getrieben, als ich eine

Stunde später am Hof ankam. Ich ging in den Laufstall zu der Familie und meinem Vater. Sie waren bereits zu viert, um die jeweilige Kuh einzukreisen und in die Melkbox zu treiben. Trotzdem drehten bestimmte Kühe immer wieder gefährlich schnell ab und die Landwirte mussten zum wiederholten Mal zurückweichen.

Bei einer Kuh war mir das Problem mit der roten Farbe fast sofort klar. Sie bockte immer, wenn sie im Bogen an der Melkbox vorbei gehen musste. Ich lenkte ihren Blick auf die ihr vertraute Wand, bis sie direkt vor dem Gestänge der Absperrung stand. Ich gab ihr ein Gefühl von: „Guck mal, da hinten ist der Ausgang."

Daraufhin hob sie den Kopf und marschierte schnurstraks in die Melkbox. Als sie merkte, dass sie vorne nicht raus konnte (sie musste ja erst gemolken werden), wollte sie schon den Rückwärtsgang einlegen. Aber zum Glück waren die Männer schnell genug, die Eisenstangen hinter ihr manuell einzurasten.

Dann wurde es schwieriger. Eine Kuh war regelrecht panisch. Sobald wir eine Schneise bildeten und sie einengten, drehte sie durch. Die

Leute, die sie von hinten antrieben, konnten nichts bewirken. Ich kannte das vom Kälber-Führen: Manche stemmten sich mit ihren 70 Kilo volle Kraft in den Erdboden und man konnte so viel schieben, wie man wollte – es nützte nichts. Sobald man aber vor ihnen her ging, rasten sie so schnell los, dass sie einen am Ende an der Leine – *ähm, ich mein natürlich Halfter* – hinterherzogen.

Also duckte ich mich unter dem Gestänge durch und stellte mich direkt neben den Eingang der Melkbox. Mit dem Arm zeigte ich ihr jedes Mal, wenn sie in meine Richtung lief eine einladende Geste Richtung Melkboxeingang an.

Beim zweiten Mal zögerte sie einen Moment, als sie meine Geste aus dem Augenwinkel sah, ehe sie abdrehte und wieder eingefangen werden musste.

Der dritte Versuch war schon besser: Sie ließ die Ohren spielen und schaute mich kurz an. Ich senkte den Kopf: *Du bist Chef. Mach was du willst.*

Da wurde sie neugierig. Als sie auf mich zukam, schaute ich ihr fest in die Augen und wiederholte die Geste. Kurz vor dem Eingang drehte sie wieder ab.

Wieder wartete ich mit gesenktem Kopf, bis sie fast bei mir angekommen war. Ich ging innerlich jeden Schritt mit ihr mit – ich sah ihre Schritte durch meine Körperhaltung genau vor mir.

Im letzten Augenblick änderte ich meine Taktik. Ich drehte mich - ihrer Körperbewegung angepasst - mit einer selbstverständlichen, fließenden Geste nach rechts zum Eingang der Melkbox. Sie folgte überrascht meinem inneren Impuls. Die Männer reagierten geistesgegenwärtig und stupsten sie von hinten vollends in die Schleuse der Melkbox.

Ich gebe zu, dass ich ihr gegenüber nicht ganz fair war. Aber es ging schließlich um Leben und Tod für sie.

Wie ernst die Lage war, zeigte sich bei den letzten beiden Tieren, die nicht hinein wollten. Die eine Kuh stand völlig verträumt zwei Meter vor dem Eingang der Melkbox herum. Der Alptraum eines jeden Bauern. Sie machte einfach ... nichts. Sie rieb nur ihren Kopf hin und wieder an dem Gestänge oder der Wand und muhte trotzig.

Ich versuchte, mich in sie einzufühlen. *Sie verstand weder, für was dieser hässliche Kasten da in der Landschaft herum stand, noch, was sie damit zu schaffen haben sollte.* Ihr Gefühl, das bei mir ankam, spiegelte sich in ihrer ganzen Körperhaltung wieder: Gleichgültigkeit und Apathie.

Die Bäuerin sprach eindringlich auf die Kuh ein: „Bitte, geh doch. Ich will dich doch nicht zum Schlachten geben!"

Ich führte einen inneren Dialog mit ihr. Zeigte ihr das Bild von dem früheren Melkstand, der jetzt im Dunkeln und energetisch brach lag. Ich ersetzte dieses Bild in meiner Vorstellungskraft durch die neue Melkbox. Die Kuh ging genau einen Schritt nach vorne.

„Komm, auf geht's", wurde der äußere Monolog fortgesetzt.

Ich fokussierte mich auf das Energiefeld der Kuh. *Wenn es doch eh egal wäre, ob sie hier rum stehe oder sich melken ließe, dann könnte sie doch genauso gut uns zu Liebe auch in die Box gehen,* argumentierte ich. Noch ein Schritt. Na ja, ein kleiner. Die Liebe war wohl nicht *so* groß.

Ich begriff, dass sie mich inzwischen verstanden hatte und einfach einen Machtkampf als eine der Leitkühe der Herde austragen wollte.

Den konnte sie haben. Ich achtete darauf, dass sie den Blick auch physisch auf mich richtete – dann schaltete ich mein System bewusst ab. Ich dachte nichts mehr. Meine Körperhaltung widerspiegelte die ihre – *Gleichgültigkeit*.

Sie beobachtete mich aus dem Augenwinkel. Ich fühlte direkt körperlich, wie plötzlich ihre ganze Aufmerksamkeit auf mir lag.

Eine geschlagene Minute lang versuchte sie, mich zu provozieren, damit sie wieder meine Aufmerksamkeit bekam. Ich blickte stur gerade aus.

Schließlich neigte sie leicht den Kopf in meine Richtung, hob ihn wieder und stolzierte in einer Mustervorführung in die Melkbox.

Die letzte Kuh reagierte so panisch, dass wir erst einmal zehn Minuten brauchten, bis sie von uns locker eingekreist stehen blieb.

„So ist gut. Du machst das super", lobte die Bäuerin.

Ich fokussierte mich auf die Kuh und suchte mein Gefühl. Ein dichter, schwerer Nebel waberte mir entgegen.

Die Bäuerin indes verlor nach dem langen Tag und gut 70 Kühen, die in die Box getrieben werden mussten, langsam aber sicher die Nerven. „Komm, geh weiter. Das ist doch nicht schlimm."

Die Kuh drehte mit einem schnellen Satz seitlich ab. *„Doch für mich ist es schlimm. "*

Wir fingen sie wieder ein. „Lieber Gott", die Bäuerin verlegte sich aufs Beten, „gib, dass sie nicht zum Schlachten muss!"

Ich investierte inzwischen mehr mentale Kraft. Die Kuh wollte wieder nach links abdrehen. Die Spannung in ihr baute sich gleichermaßen auch in mir mit auf. Ich wusste, auf welche Seite sie abdrehen wollte. Mit einem kleinen, entschlossenen Schritt trat ich ihr entgegen. Sie hielt an.

Und dann bröckelte ihre Schutzmauer. Eine Flut von Angst und Schmerz brach aus ihr heraus: Wie jemand sie eingefangen hatte. Wie sie das Leid der Tiere, die vor ihr in ein Gatter zum Sterben mussten, fühlte. Der Moment, als sie begriff, dass auch ihr Schicksal besiegelt war.

Ich ließ diese Gefühle und Bilder einfach durchlaufen. Sie würden sich ganz von selbst transformieren – ich brauchte nichts aktiv dazu beizutragen.

Die Bäuerin redete der Kuh wieder gut zu: „Bitte, bitte, geh endlich rein. Ich will dich noch länger behalten!" Dummerweise dachte die gute Frau in dem Moment daran, was passierte, wenn die Kuh ihrer Bitte nicht nachkam.

Die Kuh hörte die Gedanken der Bäuerin und war abgelenkt. Ich machte mir nicht die Mühe, der Frau zu erklären, was genau das Problem war. Die Kuh vertraute mir ihre Geschichte an. Sie wollte nicht, dass jeder sie kannte.

Wieder flackerten Gefühle und einzelne Bilder auf. Eine Ranch, in Texas vielleicht, oder in einem anderen Südstaat. Männer mit Cowboyhüten, die recht grob zu ihr waren. Wieder, wie sie eingefangen wurde.

Die Bilder wurden langsamer, nicht mehr so wirr und panisch. Und dann waren sie auf einmal verschwunden. Die Kuh hatte ihr seelisches Trauma verarbeitet, indem sie sich ihrer Angst gestellt hatte.

Zögernd tat sie ein paar Schritte nach vorn. Vor dem Eingang blieb sie stehen. Ich spürte ihre unausgesprochene Frage.

Ja, du wirst das überleben. Ich verspreche es dir.

Das reichte ihr nicht. Die Menschen hatten ihr Vertrauen missbraucht.

Ich kann getrost mit meinem Leben dafür bürgen, dass du daran nicht stirbst.

Sie willigte ein und ging in die Melkbox.

Die Bäuerin hatte wohl bemerkt, dass es eine Kommunikation gegeben hatte. Tierkommunikation war ihr durchaus ein Begriff.

„Wie hast du das jetzt gemacht?", fragte sie immer wieder.

„Ist das relevant?"

Sie hüpfte förmlich um mich herum: „Nein ... aber was hast du denn gemacht? Was hat dir die Kuh gesagt?"

An diesem Tag musste ich ihr antworten, dass manche Dinge aus Respekt lieber unausgesprochen bleiben. Es hätte keinen Sinn gehabt, wenn die Bäuerin das Erlebnis mit der Kuh in ihrem Unterbewusstsein gespeichert und das Tier permanent getriggert hätte - wann immer sie der Kuh begegnet wäre.

Heute hatte ich die Chance, diese Geschichte als Beispiel zu erzählen. Sie spiegelt sehr viel über den Ernst des Berufs „TierkommunikatorIn" wieder.

Beobachtung, Achtung und Kreativität sind die wichtigsten Grundlagen für eine harmonische Zusammenarbeit mit Tieren - auf Augenhöhe.

Und Respekt. Dieser Respekt für ein Tier – oder einen Menschen – ist erst gegeben, wenn man sich denselben selbst erweist.

Jeden Tag aufs Neue.

Kapitel 13 - Austausch

Da jede Situation und jeder Austausch sehr individuell verläuft, ergab es für mich nicht viel Sinn, Gespräche mit Tieren wiederzugeben. Mit Ausnahme einiger weniger Erlebnisse aus der Vielzahl an Abenteuern, die ich selbst in den letzten fünfzehn Jahren auf diesem Sektor erleben durfte. Diese Geschichten sollen meine Gedankengänge und die komplexen Zusammenhänge der Thematik nachvollziehbarer machen.

Sprechen wir lieber darüber, wie Sie Ihre Intuition schärfen können. Denn, zur rechten Zeit (jetzt) am rechten Ort (hier) zu sein, um pünktlich, mit wachem Bewusstsein und offenem Herzen an der Schnittstelle im Energienetz parat zu stehen, ist gar nicht so einfach.

„*To be in time*" ist eine gängige Floskel: Zur rechten Zeit am rechten Ort – sagt man so einfach. Viele sind der Überzeugung, dass Zeit eben Zeit – und meist zu knapp – ist und der Raum einen Ort/Punkt auf der Straßenkarte darstellt.

Die einzig wirklich wissenswerte Information zu diesem Thema ist die Tatsache, dass ja alle Informationen über das *Jetzt* und damit auch alle Ereignisse der Vergangenheit und Zukunft gespeichert sind. Wobei die Informationen ständig in Bewegung sind und sich - unseren kleinen und großen Entscheidungen entsprechend – anpassen. Entscheidet sich zum Beispiel vor einem Treffen jemand um, verschiebt sich die Information im Energienetz. Dadurch verändert sich auch der Raum – das Energiefeld.

Wir können in diesem unendlichen System einfach genau auswählen und abrufen, was wir wissen möchten. Die Motivation für diese Frage sollte zu unserer eigenen Sicherheit stets neutral und wertfrei sein!

Das bedeutet, dass Sie Ihre Entscheidung nicht von der Antwort des Informationsnetzes auf Ihre Frage abhängig machen dürfen!

Sprich, die Frage sollte frei von Emotionen oder Erwartungen sein. Das ist die einzige Regel der Telepathie. Daher funktionieren zu Beginn Ja/Nein Fragen ganz prima. Damit sind Fragen gemeint, auf die man nur mit *Ja oder Nein* antworten kann. Sogenannte geschlossene Fragen.

Da es so viele Sprachen wie Menschen gibt, ist das Gefühl von Ja/Nein für jeden Einzelnen von uns individuell wahrnehmbar und zu Beginn ein einziges Rauschen verschiedener Frequenzen – die Feinjustierung winkt schon mit der Antenne.

Die große Kunst der Telepathie besteht lediglich darin, die gewünschte Information klar und feindifferenziert zu erfühlen.

Zu Beginn empfehle ich dringend, mit kleinsten Alltagsbegebenheiten und minimalen Entscheidungen regelmäßig zu üben. Auch Ihre tägliche Verfassung und Ihre launischen Stimmungsschwankungen spielen eine große Rolle. Ihr Wohlbefinden an häufigen Aufenthaltsorten im Kreise verschiedener Mitmenschen und Tiergefährten sollten Sie ebenfalls erst einmal genau unter die Beobachter-Lupe nehmen.

Wir haben alle eine große Verantwortung, derer wir uns nur sehr spärlich bewusst sind. Zudem wird sich eine ganze Batterie an angestauter Energie bei den ersten Fühl-Versuchen freisetzen. Dieser Zündstoff ist nicht zu unterschätzen und sollte in kleiner Dosis durch Senden oder Empfangen von relativ unwichtigen Informationen in kreativen, bewegten Spirit freigesetzt werden.

Mit „unwichtig" meine ich sowas wie: Ist der Bus, auf den ich in zehn Minuten dort drüben warten werde, heute pünktlich? Welche T-Shirtfarbe passt heute zu meinem Gefühl? Oder mit etwas Übung in einem Ihnen fremden Raum: Ist die Stimmung vor dem Meeting eher unruhig oder geordnet und wer könnte Sender und wer Empfänger sein? Beobachten Sie im Meeting selbst, ob die Rollen eingehalten werden und durch welche wertenden Aussagen eventuell Disharmonie entstanden ist. Achten Sie auf das, was ein Sender (wenn er denn mal was von sich gibt) zu sagen hat.

Kommt *keine sofortige* klare Bestätigung - *ein deutliches Ja* – in einer Sache, gibt es dafür zwei Gründe:

Entweder war die Frage komisch, unbrauchbar, unrealistisch oder irrelevant. Letzteres kommt ziemlich häufig vor, weil viele Menschen einfach Sicherheit suchen. Sie *wollen* alles „richtig" machen. Das wird nicht klappen, weil sie etwas *mit, für* oder *gegen* die Antwort auf ihre Frage an das energetische Informationsnetz anstellen *wollen*. Ein klassischer Fall von Selbstsabotage.

Zweiter Grund: Die Zeit ist noch nicht reif. Warten. Geduld. Beobachten.

Auch hierzu noch eine kleine Anekdote aus meiner Schatzkiste:

Eines Tages traf ich mich mit einem guten Freund, der gerne mit mir in einem Restaurant in der Innenstadt essen gehen wollte.

Ich fand die Idee direkt klasse und schlug ihm vor, im Parkhaus zu parken – an einem Freitagnachmittag. Er sah mich entgeistert an und konnte sich einfach nicht vorstellen, dass wir jemals an *diesem Ort zu dieser Zeit* einen Parkplatz ergattern würden. Aus reiner Neugierde fuhr er trotzdem zum Parkhaus und sein Kommentar kurz vor der Schranke war: „Wir sind *schneller* durch die Stadt gekommen, als ich dachte."

Ich habe mir mit der Zeit angewöhnt, auf scheinbar unbedeutende Nebensätze und so dahingesagte Kommentare von Leuten zu achten. Es sind diese unbewussten Aussagen, die erfühlte Informationen ohne Verstand-Filter und Emotions-Küche als Tatsachen wiedergeben.

Für mich war die Übersetzung seiner Aussage, dass wir einmal im Parkhauskarussell herum fahren mussten, weil wir *zu früh* dran waren.

Ich schmunzelte in mich hinein, als er sich bestätigt sah, dass alles besetzt war. Wieder vorne angekommen, bat ich ihn, es noch einmal zu probieren. Er staunte Bauklötze, als er nach zwei Kurven sah, dass direkt vor uns ein Auto langsam aus der Parklücke heraus rollte.

Da er mich schon etwas länger kannte und diese Erlebnisse sich zu häufen begannen, zog er mich auf: „Hast du einen dieser mysteriösen Parkplatz-Freihalte-Engel beauftragt, um einen Parkplatz zu reservieren?"

„Nein", konterte ich: „die Parklücke hab ich selbst bestellt!"

Kaum hatten wir dem Kellner unsere Wünsche mitgeteilt und die Speisekarten beiseitegelegt, platzte er auch schon heraus: „Wie machst du das immer?"

„Was denn?", fragte ich unschuldig. Diese Frage war doch etwas zu allgemein gehalten und darauf gäbe es zu viele Antworten.

„Na, woher wusstest du zum Beispiel heute, dass da der Parkplatz frei werden würde?"

Allein die Tatsache, dass er davon ausging, dass ich es „wusste", zeigte mir, dass er mich schon länger *beobachtet* hatte. „Nenn es Wissen oder Intuition."

Er nippte, sichtlich unzufrieden wegen meiner nichtssagenden Antwort, an seiner Cola: „Und wie funktioniert Intuition?"

„Das kann jeder. Es ist vor allem Übung."

Er bekam große Augen und hätte sich beinahe verschluckt: „Was, ich auch? Wie? Wo?"

„Du hast doch sicherlich manchmal so ein Gefühl, was dir dann bestätigt wurde. Ob etwas gut klappt oder nicht. Entweder ist dir dann warm oder kalt bei einem Gedanken oder Erlebnis. Oder du empfindest einen Raum als hell oder dunkel. Manche merken auch, dass sie sich anspannen in einer anstrengenden Atmosphäre, oder sie hören eine Art innere Stimme, die sie warnt."

„Davon habe ich schon gehört – aber ich bin selbst noch nicht in den Genuss gekommen. Ich habe keine übersinnlichen Fähigkeiten." Er schaute mich fragend an.

Ich wollte wissen: „Na, jetzt grade ist doch alles gut bei dir, oder?"

„Ja, ich bin entspannt."

„Genau. Und dann wirkst du immer ein bisschen träge und so, als würdest du das Leben einfach genießen."

„Das stimmt!"

„Wenn du dieses Gefühl fokussierst und im Alltag öfter wiederfindest, wirst du sehr bald zuordnen können, welche Empfindungen, Gedanken, Worte und Entscheidungen genau zu diesem wohligen Gefühl gehören, das du in diesen Situationen wahrnimmst. Im Gegensatz dazu entdeckst du bestimmt auch, wie sich dein Körper anspannt und sich deine Gedanken, Gefühle und Emotionen bewegen, wenn etwas schwierig oder disharmonisch und in sich nicht ganz stimmig ist. Und mit der Zeit lernst du, diese beiden Kontraste zu unterscheiden und aufgrund dieser erfühlten Informationen deine Entscheidungen zu treffen."

Kapitel 14 - Dank

Mein innigster Dank geht an meinen Mann! Er war an diesem Buch als Lektor und Berater beteiligt. In den letzten Jahren hat er mich in meinen zahlreichen Aufgaben unterstützt. Nicht zu vergessen die vielen, vielen Stunden, in denen wir uns ausgetauscht und gemeinsam weiterentwickelt haben.

Natürlich geht mein Dank auch an die Tierlehrerin Mohrle – sie wurde 27 Jahre alt - und unseren Freund Mausezahn. Danke, dass ich euch erwähnen und zitieren durfte!

Vielen herzlichen Dank auch an dich, lieber Sebastian. Du hast meine Zeilen so humorvoll und fachkundig kommentiert!

Eine weitere Freundin und Lektorin hat mich nach Kräften unterstützt und mit mir zusammen in den letzten zwei Jahren gelacht und geweint. Danke, Regina, für unsere tiefsinnigen Gespräche!

Auch bei meiner Freundin Theresa bedanke ich mich herzlichst. Sie hat mich eindringlich ermutigt, meinen Weg konsequent zu gehen.

Sie ist bis heute sehr froh über ihre Entscheidung, den landwirtschaftlichen Betrieb ihrer Eltern nach der Anschaffung des Melkroboters zu übernehmen.

Ich wünsche dir und deiner Familie alles Glück der Welt!

Mein größter Fan Thomas philosophiert immer noch liebend gern mit mir über den Sinn des Lebens und stellt hin und wieder aus reinem Spaß an der Freude meine Intuition auf die Probe. Seit unserem Treffen in dem Restaurant fragte er jahrein, jahraus, in jedem Gespräch, wo denn nun das versprochene Buch bliebe?!

Lieber Thomas, hier ist es!

Das Universum in dir.